仕事は「人を見る目」が9割

あなたのキャリアと人間関係を飛躍的に変える最強メソッド

早川 勝

きずな出版

はじめに
成功への鍵は「人を見る目」にあり
――スカウティングこそが人生のミッション

私の人生とは、スカウティングそのもの。

「人生のすべて＝スカウト」であると言い切ってもいい。なぜなら、それが私のミッションとなってきたからだ。

三十数年もの間、365日・24時間、高品質なビジネスパーソンをリクルートすることで、頭のなかはいっぱい。振り返ってみれば、これまでずっとヘッドハンティングを意識し続け、四六時中「人材」を探し回ることに捧げた人生だった。

そのようにして私は、〝目利《き》き〟から集めたオリジナルの最強チームをつくることに奮《ふん》闘《とう》してきたのだ。一般的・常識的なビジネスフィールドと比較すると、かなり特殊なキャリアを積んできたといえるだろう。

組織づくりにおいての**諸悪の根源が〝人事〟にあるなら、成功の可否も〝人事〟である**ことはいまさらいうまでもない。そのためには、「人を見る目」が必要不可欠だ。私はただひたすらに、**人を見抜く力を鍛え続けてきた**のである。

遡《さかのぼ》ること平成元年（1989年）、私は生命保険業界の扉を叩いた。世界有数のフィナンシャルグループを母体とする外資系生命保険会社に入社したのだ。金融業界未経験の26歳、大手飲料メーカーからの転身である。安定したサラリーマン生活を捨て、個人事業主（フルコミッション・セールス）への挑戦でもあった。まだこの段階では、やがてスカウティングを生業とするマネジメントの道へ進むことになるとは思いもよらない。

ただ、ハードなコンサルティング営業のステージを6年間経験したおかげで、金融マンとして大いに鍛えあげられ、私は成長することができた。最前線における現場経験こそが、のちのマネジメントやスカウティングの〝礎《いしずえ》〟となったことは間違いない。知識・スキルはもちろんのこと、**人脈づくりのなかで、人間関係の何たるかを学ぶ**ことになる。そう、「人を見る目」が養われ、培《つちか》われたのも、この自己研鑽《けんさん》の経験があったからだ。

生命保険営業の厳しさについては、誰もがイメージできるところだろう。おそらくはほぼその認識どおりだ。前職ではトップセールスであったにもかかわらず、優秀な面々のおよそ8割は淘汰されていく。そのなかでも、特に**外資系の生命保険会社のレベルは高く、その最高峰のステージへと精鋭《せいえい》が集まってくる。**

逆にスカウトする側の立場から見たとき、それだけの優秀な人材をスカウトすることの難易度を理解してもらえるだろうか。年収数千万円、いや、数億円をも稼ぐことができる夢のある仕事とはいえ、リスクも大きい。そのリスクをとってでもリターンを得よう、夢を実現しようという志の高い人材をスカウトすることは至難《しなん》の業《わざ》だ。

しかし私はプレイヤーとして数々のタイトルを獲得《かくとく》したのち、満《まん》を持《じ》して営業所長を拝命し、その難行苦行の魔界へと飛び込んだ。32歳のときのことだ。次なる「ミッション・

インポッシブル」として、本格的に組織づくりに励《はげ》むことになるのだが……。

外資系生保の場合、**チームはゼロから立ち上げる**、いわゆるスタートアップが定番である。営業所長である私自身の好き嫌いで採用候補者を選別することができる、といえば聞こえはいいが、その**入社基準のハードルはすこぶる高い**。高学歴で営業キャリアも豊富なエリート人材に、優良企業の安定したポジションを捨てさせ、保証のないフルコミッション・セールスに挑戦させようというのだから、スカウティングの難易度は計り知れない。

生保営業マン時代にはトップセールスを誇っていた腕自慢が、マネージャーに職種変更したとたん、思いがけず苦戦するという話は、枚挙《まいきょ》に暇《いとま》がないほどである。必ずしも「名プレイヤー、名監督にあらず」の定めは、業界内外を問わず、いまも昔も変わっていない。

とくに生保業界においては、その傾向が顕著《けんちょ》だ。なぜなら、「生命保険を売る」という職務から一転し、生命保険営業という「**職業を売る**」……、**この似て非なる職務を遂行していく**ことになるからだ。どれだけ知識が豊富で、マネジメント能力が高かろうと、そもそも優秀な人材をスカウト（職業を売る）できなければ、組織は成り立たないのである。

生半可な気持ちでスカウティングを舐《な》めてかかると、もろくも玉砕《ぎょくさい》してしまう。私はかつて、そんなマネージャー（営業所長・支社長など）を星の数ほど見送ってきた。

私の場合、当初は勢いあまって運が味方してくれた面もあったのかもしれないし、ほとばしる情熱が単に伝播《でんぱ》しただけだったのかもしれない。しかし、社会貢献かつ自己実現できるステージでもある生保営業の仕事に誇りをもっていた私は、この「職業を売る」というリクルートの本質が腑に落ちていた。はなから性に合っていたようだ。そしてそれが、人生のストロング・ポイントとなっていった。

私が立ち上げた営業所は短期間で拡大の一途をたどり、業界でも類を見ない、高生産性の巨大な営業チームができ上がったのだ。**社内ではダントツの実績を誇り、「ゴールド・プライズ」のトップ表彰を受ける**に至った。

たった2名（私が現役時代にスカウトしたメンバー）でスタートした営業所は、わずか2年足らずの間に、27名へと膨れ上がり（他業種のトップセールスマンをオール自己スカウト）、社内最大規模かつ最高のコンサルティングセールス集団を創り上げることに成功した。さらには、管下メンバーのなかから、次々と営業所長を育て上げ、新設の4つの営業所を分離設立することもできた。

僭越《せんえつ》ながら、当時は**前代未聞の〝神業《かみわざ》〟であると称賛された**ものだ。おそらくそれは、いまの時代においても同様の高い評価を得られるだろうと思われる。

採用は本社の人事部が一手に引き受けるもの、というのが常識となっている他業種の人々にとっては、いまひとつピンとこないかもしれない。しかし、同業他社の関係者にとっては、目を丸くして驚く実績だろう。

この背景には「営業社員を増やす」と同時に、**「営業社員を減らさない」という〝育成〟に対する評価がセット**になっている。「採用力」と「育成力」、これは車の両輪であり、コインの裏表。つまり、採用したからには「売れるように」人を育て抜く責任と役割からは逃れられないというわけだ。

ところがフルコミッション（完全歩合制）の報酬制度である生命保険営業の場合、すぐに結果を出し、それを維持《いじ》しなければならないため、その難易度は高く、育成力の未熟なマネージャー（営業所長）のもとからは、多くの人材が離れていく。よって、いまもなお、入れ代わりの激しい業界の「ターンオーバー問題」は解決されていない。

とはいえ、**どれだけ育成力が優れていようとも、〝適性〟のない人材は、いかんともしがたい**。天地がひっくり返っても、無理なものは無理、というわけだ。

そこで大切になってくるのが素養を見極める能力、そう、**「人を見る目」**である（面接力に関しては本書の後半で述べる）。

話を戻そう。もうしばらく私の経歴（リクルート自慢）につき合ってもらいたい。

私はその後、営業所長として組織拡大の実績が認められ、本来なら池袋支社から独立し、営業所のメンバーたちとともに新支社を立ち上げるのが既定路線であったのだが、あろうことか、**「どん底営業チーム」であった名古屋支社へと異動命令が出る**こととなった（もちろん内示があり、会社の危機を救うべくその異動を受諾したわけなのだが……）。

実績を買われ、期待されたからこその人事ではあったとはいえ、いやはや、期待されるにもほどがある。全国最下位クラスの組織改革を任されるとは、ある意味、とんだ貧乏くじだ。まさに**「ミッション・インポッシブル　シーズン2」、無謀《むぼう》ともいえるチャレンジ**

であった。それが、弱冠《じゃっかん》36歳のときのことである。

詳しくは、作家としてのデビュー作『どん底営業チームを全国トップに変えた魔法のひと言』（日本能率協会マネジメントセンター）、または、リーダー向けの拙著『死ぬ気で働くリーダーにだけ人はついてくる』（かんき出版）、『やる気があふれて、止まらない』（きずな出版）、『リーダーの鬼100則』（明日香出版社）などを参照してもらえたら幸いだ。

結果、名古屋支社長としての成果はどうだったか。

3年の月日を要したものの、それ以前までは営業目標を達成できなかった〝どん底〟の名古屋支社を再生させることに成功。**100人の組織を率いて連続で全国総合ポイント第1位**を獲得し、強豪大型支社をも寄せつけず、ブランチチャンピオンシップ・キャンペーンでは主要項目すべてにおいてトップとなり、「10冠王」にも輝いた。

成功の要因は、なんといっても「人を見る目」を生かした〝リクルート力〟である。

多くの良質な人材をヘッドハンティングできたことに尽きる。拡大に次ぐ拡大によって、より一層組織は活性化されたのだ。

じつは赴任《ふにん》当初、メンバーの約半分は退職予備軍だった。金八先生のような学園ドラマで、熱血教師が赴任初日に不良生徒と対決するシーンは「あるある」だが、まさにそれである。やがて「腐ったミカンたち」を瑞々《みずみず》しく蘇《よみが》えらせたのは、新鮮な空気と清流だった。まさに、リクルートが組織を変える……、粋《いき》のいい新戦力が組織を変える……、という原理原則を改めて思い知るに至った。

「1支社5営業所40名のコンサルタント体制」から大改革を断行し（退職者の血も流したが……）、「3支社19営業所１６０名のコンサルタント体制」まで発展させることができた。そのなかから、**4人の支社長**（東海支社長・中京支社長・後任の名古屋支社長・新設の福岡支社長）も育成し登用、さらに、**多くの営業所長やＭＤＲＴ（Million Dollar Round Table）を採用・育成する**ことに成功したのである。

ちなみに、ＭＤＲＴ会員は、厳しい基準（年収に換算すると約２０００万円以上）を設けているため、世界中の６％の成績優秀者しか入会できないといわれている。その「ＭＤＲＴ」という称号は、生保営業に携わる者なら誰もが憧れる、ステータスシンボルとなっているのだ。

100名のメンバーを率《ひき》いるまでに拡大した名古屋支社は、その3分の1にあたる35名がMDRT会員という、業界が驚くほどの強靭《きょうじん》な営業組織へと成長させることができた。占有率は「6％」どころか、**「35％」がMDRT会員**となったのだ。彼らに引っ張られた他のメンバーのレベルも底上げされ、生産性が飛躍的にアップしていったのだから、まさに理想的な好循環だったといえるだろう。

その〝親組織〟を基盤にして、2つ目の支社、3つ目の支社と新支社を次々に分離設立し、さらなる急拡大を果たすなど、**〝組織のDNA〟は核分裂**していったのである。

そうやって私は後進に道を譲《ゆず》り、関東の要である品川支社の支社長として東京へと舞い戻り、ふたたび「どん底営業チーム」の再生に着手することとなる。支社長部門の該当者としてハワイに招かれ、またしても海外の表彰台に立つことができたのも、「リクルート」が評価されたゆえである。

後述する**スカウティング手法（SOS）をさらに磨き上げ、体系化して取り組んだ**のもこの頃のことだ。

その後、ヘッドハンターである私自身が他社からヘッドハンティングされる〝皮肉な展開〟となるのだから、人生とは何が起こるかわからない。

他社生保へと籍を移し、統括部長、営業本部長として、はたまた、エグゼクティブ・トレーナー兼リクルート推進部長として、**「スカウティング＝人を見る目」を極《きわ》め、そのノウハウを後輩・部下へと伝承していく**ことになった。次なるミッションは、生保業界全体への貢献だ。しめて4つの生命保険会社を渡り歩くことになる。

大手財閥《ざいばつ》系生保においては「採用統括部長」を拝命し、全国の支社を統括する人事採用部門の責任者を務めた。もともとは、幹部社員が外部から中途入社してくることのない古い体質の会社だった。「純血主義」を貫《つらぬ》いていたといえば聞こえはいいが、いわば〝鎖国〟していたのである。当然のように、それまでは最先端の情報は入ってこなかったし、入ってきてもそれを実行に移せる人材がいなかった。

そこで**私に白羽の矢が立った**というわけだ。

全国の拠点から支社長や営業部長など600名余りの幹部管理職を研修センターへ集め、

リクルートについて「人を見る目」の心構えから最新の手法に至るまで、徹底したトレーニングを実施した。研修プログラムのプロデューサーも講師役もすべて私の役目だ。とはいっても、伝統のある数千名の大企業である。改革は一筋縄ではいかない。壇上で「もういいかげんに、ちょんまげをとれー！」と私が絶叫したことは一度や二度ではない。

この困難な試みは生保業界内でも注目を集め、徐々に方針が社内で浸透してきたその頃、残念ながら、大株主（メガバンク）の事情により改革は頓挫した（売却先が決まった）。

そもそも短期間による前例のない変革だ。結局、時間は待ってくれなかったが、私自身にとっては大きな糧となり、珠玉の経験値となった。なぜなら、論理的かつ実践的に組織へ展開していけるよう、それまでの**成功体験をシステマチックに再構築することができた**からである。

さらに、**ストーリーには続きがある。**その財閥系生保では改革派筆頭の専務取締役（それ以前は別の外資系生保で社長を歴任）のKさんが、あるプロ野球球団をもつメーカー資本の中堅生保へ「社長」として招かれることとなり、私も運命を共にしたのだ。

その新天地でのミッションは、「直販チャネル」をゼロからの立ち上げるという、これまた昨今の生保業界では類を見ない、**事業部自体のスタートアップ**である。まったくのさら地にビルを建てるに等しい。そのプロジェクト・リーダーを任されたわけで、ここでのミッションはまたしても、リクルート力と「人を見る目」を生かした人材採用である。

やがてゼロから「10支社400名」の組織へと発展していくことになるのだが、**9年間にわたる直販チャネル立ち上げの経験は、まさに私の血となり肉となった。**

本社の最終面接官としての立場においても、さまざまな人材をふるいにかけてきた。数千人という候補者をセレクションし、**採用・不採用のジャッジを下す経験を積んできた**のだ。否が応でも「人を見る目」が研《と》ぎ澄まされていくのは必然だった。

スカウトマンとして、面接官として、私がこれまで培ってきた「人を見る目」の奥義《おうぎ》を本書を通して伝えたい。

本邦初公開。あなたを成功へと導く、一助となったら幸いである。

早川　勝

◎［目次］Contents

第2章

効果的なヘッドハンティングの極意

――警戒されない会話術と信頼関係の築き方

第3章 超優秀人材を引き寄せる本当の理由
——スカウトのイニシアティブ

第4章 再現性の塊となる習慣化への道
——リクルートの神様は見ている

第5章

妥協を許さないスカウトの真髄

――最高の人材を見つけ出すために何ができるか

第6章

「STAR」誕生と超絶質問メソッド

——踏み込んだ面接手法で優秀人材を見抜く

第7章

10のディメンションから人材を見極める

——倫理観と評価基準で人材の真価を見抜く

151

第9章

内定辞退防止のための9ステップ

――確実にゴールへと導く採用プロセス

第1章

業界にその名（通称）を刻んだ誇り高き人材発掘法

成功を阻む見えない障壁を取り除く

「人を見る目」を開眼させた究極のスカウト法〝SOS〟

はじめに、私がこれまで、すべてのステージで取り組んできた「共通」する試み、すなわち、成功の秘訣をひと言で伝えよう。

結論は、**街角スカウティング**である。

なんというシンプルなスカウト手法なのか。

ここまでたいそうに偉そうなことを語ってきて、「なんだ、そんなことか」と呆《あき》れた顔をしている読者諸氏の顔が目に浮かぶ。

しかしながら、それが紛《まぎ》れもない真実だ。リクルートの奥義は、昔もいまも変わっていない。私はその手法を30年以上にわたり実践してきているのだから、こと街角スカウトの経験、知見、スキル、メンタル、習慣化、どれをとっても、**日本全国津々浦々《つつうらうら》、私の右に出る者は存在しない**と自負している。

私はその手法を「Scout Off（On）the Street」、略して、通称「ＳＯＳ」と名づけた。文字どおり、「街角でスカウトする」というシンプルな意味である。

ただいっておくが、街を歩いている人に声をかけるといっても、単なるナンパ行為ではけっしてない。業界内でも、付け焼き刃的な発想で声かけをしているマネージャー（営業所長など）が「ナンパ」などと口にすることがあるが、そういった輩《やから》はたいてい失敗するか、長続きしていない。

それはそうだろう。そのような卑下した表現をしていること自体、スカウトの仕事に誇りをもっていない証拠だ。仕事の質はますます下がるし、そんなマインドの取り組みでは、ソーシャル・モチベーションを保つことはできない。

スカウトとは、高尚で、誇り高き、善の行い（＝社会貢献）なのだから。

「ＳＯＳ」は、極《きわ》めて単純なアクションでありながら、じつはそこにリクルートの本質が詰まっている。とくに「人を見る目」を養う真髄《しんずい》が潜んでいる。それこそが正真正銘、**リクルート候補者発掘の王道といえる**だろう。

私が勝手に名づけた「ＳＯＳ」という通称が、いまや生保業界内での〝共通言語〟として浸透し、頻繁に使われるようになっている。なんとも不思議な感覚だが、〝元祖〟として、業界の歴史にその名を刻んできた矜持《きょうじ》を抱いている。

私はそんなＳＯＳメソッドをマニュアル化し、パワーポイントにまとめた。そしてその資料をもとに、**生保業界のマネージャーたちへセミナーを開いたり、個別のコーチングなどを行ってきた。**やがては、弟子と慕《した》う門下生の数は膨《ふく》れ上がり、〝教え〟を求め順番待ちしている支社長、営業所長、マネージャーは、いまも後を絶たない。

それはいったいどのようなメソッドなのか、本邦初公開、ここでその一端を披露しようではないか。

SOSの目的――リクルート成功への第一歩

まずここで、SOSの「目的」をはっきりさせておく。

この行為は、いきなり街で声をかけ「その場」でリクルートすることではない。

よくよく考えてみれば当たり前なのだが、どうやら勘違いしている人も少なくないようだ。そもそも、いきなり街で「転職しませんか？」と声をかけられて「はい、そうします」という人はまずもっていない。百歩譲って、仮にそんな候補者と出会ったとしても、それは仕事に困っている無職の人か、何か企んでいる怪《あや》しい人物である可能性が高い。一次選択としては、むしろ慎重に対処したいところだ。

稀《まれ》にタイミングよく優秀な人とご縁があり即応募ということもなくはないが、それは

1000人に1人の奇跡である。残念ながら、都合よくお互いに〝ひと目惚れ〟という確率はほとんどない。「ひと目会ったその日から恋の花咲くこともある」がしかし、「すぐに結婚しましょう」とはならないのと同じだ。

「街で声をかけてスカウトするなんて無理でしょ」と誤解している人は、いきなり「結婚しませんか？」と声をかける婚活（スカウト）だと思っているからである。そんなことはあり得ない。それではまるで「あぶないヤツ」だ。

だからまず、その短絡的な先入観を取り除いてほしい。

つまり、「SOS」とは、スカウティングの入口にすぎない。**SOSの目的（ゴール）とは、「名刺交換」**までだ。徹頭徹尾、営業マンと名刺を交換することだけに全集中し、まずは1人でも多くの候補者情報を確保しておくこと。

そのリクルート・リソースを集める手段として、SOSを実行し続けるのである。

しかもその名刺というのは、単なる名刺ではない。驚くなかれそれは、採用候補者との**「転職潜在《せんざい》ニーズ付き」名刺交換である。**そう信じてほしい。

声かけの流れやツボとコツについては後述するが、こちらは正々堂々、会社名を告げ「スカウトマンです！」とはっきり名乗り、名刺を交換している。**私たちの〝身分〟や〝目的〟を承知のうえで相手の候補者は名刺交換に応じている**わけだから、「転職は考えていない」とか「生保営業には興味がない」という無関心を装いながらも、じつは本人もまだ気づいていない「転職ニーズ」が潜んでいる候補者である可能性が高い。

濃淡こそあれ、潜在的なニーズは必ずあると思ってほしい。いまのところは転職のニーズが〝顕在化《けんざいか》〟されていないだけで、心の奥底には、「現職への不平不満」や「くすぶっている将来の夢」などが隠されているものなのだ。

名刺の裏には「転職ニーズあり」と記載されていると思って（目に見えないが……）、名刺一枚一枚の「ご縁」を地道に集めること。それこそが、ＳＯＳ活動の本来の趣旨であり、意義である。

優秀人材発掘の最適解——SOSの真価

これまた詳細は後述するが、じつは街角で名刺交換に応じてくれる人というのは、**「優秀なビジネスパーソン」であるという共通点がある。まさに、私たちスカウトマンの思惑と合致しているのだ。**にもかかわらず、「不特定多数の人に街で声をかけたところで、ろくでもない人としか名刺交換できないのではないか」と誤解している人が多いことは残念でならない。

ところがどっこい、まったくの真逆なのである。**優秀であるからこそ、自信をもって名刺が出せるのだ。**一方で、実績を上げていない人や地味に働いている人は、自信がないゆえに名刺は出せないものだし、そもそも名刺すらもってない、というビジネス社会から外れてしまった人もいる。

では、ターゲットをどのように見分けるのか？

それはひとまず、見た目で判断するしかない。そう、平日にスーツを着用し、ビジネスバッグを持ち歩いていたら、ほぼ間違いなく営業パーソンか管理職または経営者であろう。女性の場合は、小綺麗な格好をして大きめのバッグを掲《さ》げていたら、バリバリと働くキャリア志向の女性である可能性が高い。

もしあなたがスカウトマンであるなら、普段、街を行く数え切れないほど多くのリクルート予備軍を見すごしているということになる。ああ、なんと、もったいないことだろう。

いったいどれだけのチャンスを逃しているのか。

川上からどんぶらこどんぶらこと流れてくる桃太郎の入った桃をキャッチすることなく、勇猛な逸材を川下へと見送っているのだ。**スカウトマンにとっての街中は、「宝の山」**でもあるにもかかわらず、である。

「人を見る目」の基本――見極めのポイント

さて、声をかける「判断基準」であるが、もちろん不特定多数の誰にでも声をかけることはＮＧ。

私のようなスカウティングのプロでなくとも、「優秀人材かどうか」、ある程度の判断はできるはずだ。顔の表情や髪型、歩き方やたたずまい、姿勢や物腰、服装や身だしなみなど、**その人物が「歩んできた人生」や「働き方」というのは、外見に滲《にじ》み出てしまうもの。**

「人は見た目が９割」というのは本当だろう。

見た目がオタクのような人はオタクだし、チンピラのような人はチンピラである。もちろんそういう方々は、人との交わりが苦手である内気なサイコパスか、世の中を恨《うら》んでいる不親切で暴力的な危険人物。関わり合わないのが無難だ。どちらにせよ、たいていは声をかけても「無視」されるのがオチではあるが……。

その外見どおりに、主婦っぽい人は主婦であるし、作業員っぽいような人は作業員である。学生っぽい人は学生であるし、新卒かなと思うとたいていは新卒である。就活中の学生などはよくわかる。みんな同じようなリクルートスーツを着て同じようなピカピカの黒いバッグを提げ（なぜ日本人はみな同じような格好をするのだろう？）、まだ人生で何も苦労していないであろうツルっとした顔で、頼りなさそうに歩いている。

一方で、仕事に疲れきってしまった中高年、というのもすぐにわかる。猫背でとぼとぼと歩き、人生終わってしまった、というような悲壮感《ひそうかん》を漂《ただよ》わせているからだ。

反対に、清潔感あふれた身だしなみで威風堂々《いふうどうどう》と、凛《りん》としている人などは最高だ。

私はあえて、**生意気そうでキリっと気の強そうな体育会系の〝若者〟や、一見近寄りがたいようなパリッとした風貌の30代から、40歳くらいの〝大人〟に声をかける**ことにしている。そういう方と話をしてみると、意外と親切かつ好意的であったり、フレンドリーであったりする。
そういう意味では、人は見かけによらない、という一面もあるので、「人は見た目」が9割ではあるものの、残り〝1割〟の判断が難しく、その点を見極める**「人を見る目」が9割**となってくるのである。よって、SOSの奥深さがそこにあるといえる。

ただ、「見た目」だけであまりに厳選しすぎてしまうと、声をかけられなくなってしまうため、**「迷ったらGO！」というのが基本**だ。この「迷ったらGO！」というフレーズを心に刻み込み、勇気をもって踏み込むこと。つねに、「迷ったら」……「GO！」、「迷ったら」……「GO！」、「迷ったら」……「レッツGO！」である。

断られたところで、しょせん、失うものは何もないのだから。

第2章

効果的なヘッドハンティングの極意

警戒されない会話術と信頼関係の築き方

超シンプル！効果抜群の「声かけトーク」テクニック

ではここから、どのように候補者へ声をかけるのか、披露していこう。

❶「ちょっとお尋ねしたいんですけど……」

ひと言目は、自然体で堂々と、前方から〝道を聞くように〟声をかけてほしい。

すると、**良識のある人は立ち止まってくれる。**

お尋ねしたいことがあるのは嘘ではない。採用候補者に対して「聞きたいこと」は山ほどある。転職志向があるのか、営業経験はどれぐらいなのか、年齢はいくつなのか、転職回数は何回か、実績はどれだけあるのか、住んでいるところや家族構成、出身大学や好きなスポーツなど、**聞きたいこと、知りたいことは無限にある**はずだ。

あなたは、人に道を聞けるだろうか？（最近はアプリがあるので道を聞く必要もないのかもしれないが……）もし、知らない人に道を聞くのは怖いし、恥ずかしい、という人見知りの性格であるならば仕方がない。ＳＯＳには向いていないので、あきらめてほしい。

いやちがう、**人に道を聞く程度の勇気はもち合わせている**、というのであれば、「ＳＯＳの達人」になれる可能性は十分ある。

単なる意識の問題だ。きっとあなたにだってできる。

考えてみれば、こちらが道に迷ったり、何かに困って助けを求めているかもしれないのに、**それを無視してクールに立ち去ってしまうなんて、ビジネスパーソンである前に「人間失格」である**、とは少し言いすぎだろうか。

「関わり合わなくてよかった」と解釈しよう。

❷「外資系生保でスカウトを担当しているものなんですけど……」

身分と目的を告げ、すぐに名刺を差し出してほしい。初対面の相手に名刺を渡すのは、最低限の礼儀である。**いったい自分が何者であるのか、そして、声をかけた目的は何なのか、いち早く伝えたほうが警戒心をもたれにくい。**

それに加え、認知度の高いブランドが社名であれば、候補者も安心することだろう。なかには、会社同士で何らかの取引があったり、社内に共通の知り合いがいることがわかり、距離が縮まるかもしれないではないか。

巷《ちまた》では、何者なのかを曖昧《あいまい》にして、目的も伝えないまま候補者に近づこうとするスカウトマンが多いようだが、それはあまりお勧めしない。やはり、「堂々と正直に自然体で、臆することなく」というのが人生の救世主（スカウトマン）としての基本スタンスだ。

使命感と倫理観をもって取り組んでほしいものである。

❸「めちゃめちゃ営業（仕事）できそうなカッコいい人だと思って！」

見た目どおりに褒《ほ》める。とことん褒め倒す。

「すごく優秀そうな人に見えたので」または「売れている営業マンに見えたので」という伝え方でもいい。

加えて、「仕事ができそうな女性に見えたので」「素敵な雰囲気で……」「清潔感があってさわやかな……」「ガッツある体育会系な感じで……」という候補者のタイプに合わせた表現方法でもかまわない。

ただ、褒めるといっても、目の前の候補者を褒める目的は、おだてて気持ちよくさせるのが第一義ではない。

それよりも何よりも、**「なぜ、あなたに声をかけたのか」、その理由をはっきりと伝える意味が大きい。**

褒められて悪い気がする人はまずいない。ただそれと同時に、声をかけられた理由が明確（スカウト）ならば、とたんに警戒心は薄れていく。

「あっ、なんだ、そういうことだったのか。はじめは驚いて引いたけど……」という安心モードの心理状態になるものだ。

スカウトという真の目的が伝われば、候補者は快く名刺を出してくれるが、目的が不明確であると、「なんだか怪《あや》しいぞ」と疑心暗鬼のまま心を閉ざし、壁をつくる。当たり前だ。詐欺《さぎ》行為が横行する物騒《ぶっそう》な世の中である。

「何かを売りつけられるのではないか」「あやしい宗教の勧誘なのではないか」「軽薄なナンパ行為なのではないか」と警戒するのも無理はないだろう。

ややもすると、「褒める」にあたり、本当に優秀そうな人でなければ、その相手を褒めたいとは思えない。当然、欺《あざむ》くのは嫌だ。罪悪感にさいなまれ、仕事に誇りがもてなくなってしまう。

そもそも、人を騙《だま》すのはよくない。だから**けっして自分にも嘘をついてはいけない。**

本当に仕事ができそうな人にだけ限定して、「仕事ができそうですね」と声をかけなければならないのだ。

そこに偽《いつわ》り（迷い）がなければ、私たちの気持ちはすっきり晴れやか。後ろめたさはないし、プライドも保てる。だからこそ、堂々とスカウトできるし、目の前の候補者も腑《ふ》に落ちるのだ。嬉しそうな満面の笑みに変わり、いい、抵抗なく名刺が出てくるのである。

❹「1分だけ！ 1分だけよろしいですか？」

人差し指を一本立て、すぐに**所要時間を伝える**こと。

声をかけられた候補者は外出の移動途中であり、営業先や目的地へと足早に急いでいるのが普通である。よって「いま、忙しくて時間がないんですよ～」と言って、たいていの人は立ち去ってしまう。

しかし、忙しくて時間がないと断ってくる人であったとしても、**1分程度の時間ならあるはず**だ。だいたいが相手訪問先のアポイントをギリギリに移動している人はいないだろう。まともな営業マンであるなら、10分前には目的地へ着くように行動するのが常識だ。はじめての訪問先や大切なクライアントであるならば30分以上の余裕をもっているに違いない。

であるなら、**「時間がない」という断りは、とっさに出た嘘の口実（予防線）**ということになる。

むしろ世の中の営業マンの大半は、暇《ひま》を持て余している。アポイントなんて、そうそう効率的に隙間《すきま》なく埋まるものではない。今日はどうやってサボろうかとウロウロしていることも少なくない。

優秀な人ほどオンとオフを切り替える達人だ（生保営業マンなどはその代表例）。くれぐれも**「忙しい」という口実に翻弄されないようにしたい**ものだ。

したがってポイントは、「1分だけ」と強調して候補者を落ち着かせ、そこに立ち止まらせること。早めに所要時間を伝えることによって、**「ここに長く引き留めるつもりはないよ」という意思表示が明確になる**わけだ。

やはり候補者は、1分の時間がないほど忙しくはないものの、ここで立ち止まってしま

う と長い話につき合わされるのではないか、いつまでも解放されないのではないか、拘束されどこかへ連れ込まれるのではないか、などと誤解し、立ち去ろうとするのだろう。

本音ベースでは、「1分程度の話なら、聞いたうえで判断してもいい」という候補者に対し、「1分だけ」という所要時間を伝えないまま逃げられてしまうなんて、じつにもったいないではないか。

実際に、1分の時間もないような態度でそわそわしていた候補者が、スカウトである趣旨が伝わったとたん、**ゆったりモードに変わり**、10分以上もの長話になったなんて展開はよくあることだ。

それでも立ち去ろうとする候補者に、一緒に歩きながらつきまとってしまうスカウトマンを見かけるが、そのような迷惑行為はやめたほうがいい。

お願いして名刺を集めてもスカウトの重みがないし、自らの誇りも傷つく。

そもそも、歩きながらの名刺交換だなんて失礼だろう。ここは**しっかりとお互いに立ち止まり、落ち着いた〝大人〟の名刺交換をしてほしい。**

そのためには、まずこちらが先に立ち止まることである。

そうすれば、候補者もそれに倣《なら》って立ち止まる。

「止まれば、止まる」「止まらなければ、止まらない」。まさに〝ミラーリング〟だ。我慢してグッと踏ん張り、悠然と構えてほしい。

❺「すぐに転職という話ではなくて」

このあたりで、「いま、転職は考えてませんから」という反論が出てくる場合がある。

また、反論がなくとも、名刺交換に応じてもよいものかどうか、ぐずぐずと迷っている候補者もいる。

そのときには、

「スカウトといっても、いますぐに転職しませんか？　という話ではなくて……」

と、強調して伝えてほしい。

そうすると、いますぐに転職の意向はないものの、**「せっかくの機会だし、将来のため**

に何か情報を得ておきたい」という候補者からは名刺が出てくる。

じつはまだ候補者本人が潜在的な転職ニーズに気づいていないだけで、**不平不満は必ずある**と思ったほうがいい。「生保営業には興味がない」とか「いまの会社を辞めるつもりはない」という反射的な〝**嘘の反論**〟**を真に受けてはいけない**のだ。

❻「誰にでも声をかけてるわけじゃないんですよ」

候補者へは「あなただけに……」という思いを込めてこう伝えよう。

むろん、むやみやたらに声をかけているわけではない。**言い換えれば「あなたは選ばれたのだ」**ということになる。

けっして不特定多数へのナンパ行為でない真意を伝え、特別なヘッドハンティングである意味を強調してほしい。

候補者の自尊心に訴えかけることだ。

「優秀そうな人を見かけたら、必ずスカウトの声かけをすることにしてるんですよねぇ」とつけ加えてもいい。そのひと言で候補者は、声かけ（SOS）の意味を理解する。不信感も晴れていくだろう。

❼「いまは営業の途中ですよね？」

「お近くの取引先に行かれるんですか？」とか、「会社はお近くなんですか？」という問いかけでもいい。

ここでワンクッション質問を挟《はさ》むことで、候補者の反応をうかがえるのと同時に、営業マンかどうかの職種を確認することもできる。

会話が弾《はず》んで盛り上がり、逆に質問が出てくることもあるが、本来の目的＝名刺交換を忘れて会社説明をはじめてしまわないように注意しなければならない。

目的は、この場でリクルートすることではないのだから……。

ここでまごまごしていると、「そうなんです、いま営業の途中で、次に行かないといけないんですよ、じゃあ……」と、**振り切られてしまうことにもなりかねない。**

そこですかさず、次なるクロージング（最終目的）のひと言を！

❽「……（営業の途中で）お忙しいと思うので、名刺交換だけでもいかがですか？」

ここがゴールだ。

「名刺交換だけでも!?」という**本来の目的に、どれだけ早く到達するか、はじめのひと言（声かけ）からゴール（名刺交換）まで一気にまくし立ててほしい。**1分といわず、10秒〜20秒でも、早ければ早いほどいい。

「名刺交換くらいならどうってことない」と思っているビジネスパーソンは意外と多いものだ。それなのに、この真の目的を伝えられないまま、みすみすチャンスを逃してしまうなんて、もったいないではないか。

「名刺交換だけ」「名刺交換だけ」「名刺交換だけ」を繰り返し、食い下がってみると、反

射的に名刺が出てくる。

営業マンという生き物は有り余るほどの名刺をもっていて、それを配るのが仕事みたいなものだ。だから遠慮などいらないのである。

もし、グズグズと名刺を出し惜《お》しみする候補者がいた場合は、「えっ？（あなたは）営業マンですよねぇ？？」と、怪訝《けげん》な表情で疑問を投げかけてみると、顔色が変化する。

その言葉の裏の意味（心の声）は、

「ええっー、営業マンのくせに名刺交換に応じないだなんて、それでも営業のはしくれなの？　人脈を増やすのが営業の基本なのに、それさえも消極的だなんて、ろくな営業マンじゃないよね？　たぶん売れない営業マンなんじゃないの？　それがホントだったら、あなたの名刺はいらないや」

である。

この裏のニュアンスが嫌《いや》みなくストレートに伝われば候補者の営業魂に火がつく。ハートが熱くなった**骨のある営業マンからは名刺が出てくる**ケースもあるので、かんたんにあきらめてほしくない。

もしそこで「名刺を切らしてしまった（もっていない）」と言われたら、そのときは、「では、名刺の代わりに……」と白紙のカードを差し出して、「フルネーム・アドレス・携帯番号」を必ず書いてもらうこと。

そのためにはつねに、**手書き用の「名刺サイズの白紙カード」を名刺入れに忍ばせておくこと**を忘れてはいけない。

声をかけた10人に1人くらいは、

「出勤途中なので、いまはカバンに名刺が入っていない」

「転職活動中なので、名刺をもっていない」

「事務職なので、名刺がない」

というケースがあるからだ。

本当に不思議である。だってそうだろう、1分前に会ったばかりの若くてキレイな女性が、私のような中年のおっさんに対し、大事な個人情報をサラサラっと書いてくれるだなんて。

そう、**これは「スカウトマンだから」**なのである。これがもし「保険の営業です」とか「友達になりませんか？」だったら、ほぼ間違いなく、個人情報を得ることはできない。スカウトだからこそ、抵抗なく個人情報を教えてくれるのである（くれぐも他用は厳禁）。

こんなに素晴らしい手法ってあるだろうか？

もしあなたが今日これから、よーいドンで新しい候補者の紹介を得ようと思い、出かけていくとする。その結果として、現職で活躍中の優秀な人材の情報を10名も入手するというのは、なかなか難しいのではないだろうか。

ところが、1日1時間ほど街に出てSOSにトライすると、瞬《またた》く間に10名のニューネーム（優秀な営業マン）と名刺交換ができるわけだ。実行さえすれば確実に計算できて、なおかつもっとも合理的なメソッドなのである。

いや本当に、これをやらないという人の気持ちが私にはわからない。

❾「これも何かのご縁ですから！」

とどめのひと言はコレだ！

優秀な営業マンほど「ご縁」という言葉が響く。また自らも「ご縁」というフレーズを好んで使う傾向がある。

「ご縁だったら、仕方がないですよねぇ～」という不思議な連帯感が生まれるものだ。

とはいえ実際、数百万人はいるであろうビジネスパーソンのなかで、**いまこの瞬間、この場所で出会えたのだ。なんという〝奇跡〟であろうか。**

この「宿命」をスカウトマン自らが〝信じる〟ことである。そうすれば、そのマインドは候補者にも伝染する。

仮にリクルートのご縁がなかったとしても、プライベートな飲み友達になったり、お互いの取引先として友好な関係ができるかもしれない。

たとえば私の場合、ＳＯＳがきっかけでメルマガや拙著の読者になったり、その他にもさまざまな協力関係から人脈が広がったり……というケースを星の数ほど経験してきた。

あらゆる可能性は無限大である。

⑩（名刺を指さしながら）
「こちらの連絡先へ、情報提供のメールなどを差し上げてもよろしいですか？」

そして最後に、情報提供のメールや電話を差し上げることを念押ししておく。心配はいらない。候補者は**99%の確率で「いいですよ」と承諾してくれる。**名刺交換に応じた段階で「何か」に期待しているからだ。

ときに、「会社のメールは上司にチェックされているから返信できない」とか「電話には出られないことが多いのでショートメールにしてほしい」など、**リクエストが入ることもある**ので、この最後の「確認」はくれぐれも必須である。

別れ際の最終段階でさらに、会社先以外の個人の連絡先（メールアドレスや携帯番号）を聞いたり、LINEの交換になることやSNSでつながる展開にもなり得るので、**できる限りの方法で〝赤い糸〟をつなげておくこと**だ。後日になって連絡がつかなくなってしまったら、元も子もないのだから。

まとめ！良縁を引き寄せる「声かけトーク」の流れ

トークの流れをまとめよう。

❶「ちょっとお尋ねしたいんですけど……」
⬇
❷「外資系生保でスカウトを担当しているものなんですけど……」
⬇
❸「めちゃめちゃ営業（仕事）できそうなカッコいい人だと思って！」
⬇

❹「1分だけ！　1分だけよろしいですか？」

⬅

❺「すぐに転職という話ではなくて」

⬅

❻「誰にでも声をかけてるわけじゃないんですよ」

⬅

❼「いまは営業の途中ですよね？」

⬅

❽「……（営業の途中で）お忙しいと思うので、名刺交換だけでもいかがですか？」

⬅

❾「これも何かのご縁ですから！」

⬅

❿（名刺を指さしながら）
「こちらの連絡先へ、情報提供のメールなどを差し上げてもよろしいですか？」

さて、どうだろうか？


たったこれだけの声かけである。

特別に難しいテクニックや応酬話法があるわけではない。

ただひたすら、繰り返しの基本トークをマスターするだけでいい。


必要なのは、**小さな「勇気」と大きな「覚悟」**、そして、**あふれる「情熱」**だ。

あとは継続することのみ。

そう、**「習慣化」**である。

質問をスルーしてデータを収集しよう

プラスの注意事項として、候補者からの具体的な質問には、あえて核心の答えを提示しないという〝我慢〟も必要だ。

実際、1分では立ち去らずに、グイグイと興味を示す候補者もいるにはいる。

ここで、より具体的な質問をされた場合、嬉しくなって会社説明をはじめてしまうスカウトマンもいるようだ。しかし、いきなり転職を勧める行為ではないのだから、間違っても、報酬制度、マーケット開拓方法、研修制度、採用基準、営業プロセス、福利厚生制度などを答えてはいけない。

丁寧に説明してしまうと、**「はい、わかりました」（本当はそれほど理解していない）となっ**

て、そこで終わってしまう恐れがある。

大切なのは、次のリクルートプロセスへとつながっていくかどうかだ。くれぐれも焦らず、その場での詳細な回答は控えておくこと。逆にむしろ、**こちらからの質問に答えてもらう流れに切り替えてしまう**といいだろう。

最低限のデータ収集である。

「大学を卒業して何年目なんですか？」

と学歴やだいたいの年齢を、

「営業職なんですか？」

と営業経験を、

「ずっといまの会社なんですか？」

と転職歴を、それぞれ確認する程度の質問でいい。

さらにフレンドリーな候補者の場合なら、プライベートな世間話で、候補者との距離を縮めつつ、生活環境やベースマーケットを予測する質問をしておくのもありだ。

「お子さんはいくつなんですか？」

「ご自宅はどちらなんですか？」
「出身はどちらですか？」
「何かスポーツされてるんですか？」
と、これもほぼ1、2分のことである。あまり**長々と立ち話はしない**でほしい。後日ゆっくり会ってコミュニケーションをとり、潜在ニードを喚起する意識が大事だ。

会話のなかで聞き出したデータは、**別れた直後に名刺の裏に書き込んでおくこと**を忘れずに……。

しばらく経った後で記入しようとしても、人間の記憶というのは時間とともに薄れていくものだ。特に5人10人と名刺交換をしていくと、記憶が混乱してしまう。名刺交換した直後は印象深いため、「忘れないだろう」と思いがちだが、意外にもどんどん忘れる。名刺を見ても「どんな人だったか」まったく覚えていない、ということもあり得る。

たとえ、情報データを詳細に入手できなかったとしても、第一印象、時間、場所、外見の特徴などをできる限り記載しておく。

たとえばこんな具合だ。

2024年11月29日AM10時、東京駅八重洲北口、33歳、入社5年目。
転職歴1回、子ども2人、短髪、体育会系、おしゃれな紺のスーツ、
関西弁、元気でフレンドリー、昨年他社生保のセッションに参加、
駅近くの営業先へアポイント途中、月2回訪問している、メール連絡快くOK。

再会時に的《まと》はずれな会話にならないためにも必要な情報であることはもちろん、このようなデータが何百枚、何千枚と蓄積されていくと、それらは将来の貴重な「財産」になる。

スカウト活動とは、将来にわたって長く長く続くロマンの追求である。

「ご縁」のタイミングはいつやってくるかわからない。あなたの〝コレクション（人財）〟といずれ結ばれるときが訪れると信じ、名刺の表面だけでなく、裏面の世界にも関心を寄せてほしいものだ。

なおいっそう、強く興味を示してきた候補者に対しては、**即その場で次回のファーストアプローチ（オリエンテーション）のアポイントを入れてみるのも可**だ。

素早く手帳（スマホの予定表）を開き、

「でしたら、メールで情報提供するよりも、後日30分くらいの時間をつくりましょうか？」

と、強気の二者択一で直近の日時を指定してみよう。

「お時間をいただけませんでしょうか？」

という媚《こ》びへつらった態度ではなく、〝あなたのために〟情報提供の場をつくりましょう、というスタンスで接することである。

ただ、そうして「即アポ」を取ってしまうのもいいが、その場かぎりでの安易な約束は、結局、リスケやドタキャンになってしまうリスクも高いため、私はあまりお勧《すす》めしない。安っぽいガツガツ感は控えたほうが賢明だ。

あくまでも、その場は紳士的な名刺交換のみで別れ、後日、きちっとしたアポイントを取ったほうが、トータルの成功率は高まるだろう。

返信率の高い「情熱のスカウトメール」

では、その先の**「リクルート・プロセス」はどんな流れになるのか。**

ここからが本番だ。せっかく〝運命の出会い〟を果たしたのだから、一人ひとり確実にコンタクトしていきたいものである。

名刺を交換できたらすぐにアクションを起こしてほしい。まずは、**当日中か翌日までに「スカウトメール」を送信**すること。

事前に、オリジナルのフォーマットを作成しておくと効率がいいだろう。あとはもう、宛名や候補者ごとの特徴を一部書き換えるだけで、次々と発信することができる。

返信率の高いスカウトメールの特徴・ポイントは次の8つだ。

❶インパクトのある超ロングメール

無味乾燥で事務的なスカウトメールでは印象に残らない。求人広告媒体や人材紹介企業からのスカウトメール同様にスルーされてしまい、なかなか返信率は上がらない。

やはり、候補者から**「こんなスカウトメール生まれてはじめて!」「これは何かが違う!」と思わせる効果**を狙《ねら》わなければならない。

❷「なぜ、声をかけたのか」その理由を説明する

冒頭のメール挨拶では、スカウト行為の目的を伝えたい。

自らはスカウト活動を〝生業《なりわい》〟としており、それが本来の〝志事《しごと》〟であること、そして、「ひと目見て、『優秀なビジネスパーソン』であると感じた方だけに、スカウトのお声かけをしています」というメッセージを入れてほしい。

さらに、候補者の見た目のよさ、歩き方、顔つき、目の輝き、雰囲気、オーラ、スーツ

の着こなし、清潔感などを具体的に褒める。名刺を交換した際にも伝えた言葉どおり、仕事ができそうなやり手のビジネスパーソンに見えたことに加え、それぞれの候補者の個性を肉づけしてまとめあげていくと、改めて「ああ、だからを声をかけてくれたのか」という理由が明確になる。

目的や理由が明らかになれば、疑念も晴れてスカウトの重みも増すし、「あなただけ」という特別感もより伝わるだろう。

候補者からの返信メールに「あのときは、そうとは知らず、失礼な態度をとってしまい、申し訳ありませんでした」という内容の〝お詫《わ》び〟が届くことはよくあることだ。

❸「なぜ、メールをしているのか」その理由を述べる

すでに一度、リアルに会ってそれなりのコミュニケーションを交わした相手だ。見た目どおりに、会って話した**第一印象がよかったからこそ、こうしてスカウトメールを送っているる**ことを説明してほしい。

好感度、明朗快活さ、自信に満ちあふれた態度、傾聴《けいちょう》力、ご縁を大切にする姿勢、礼

儀正しさ、真面目さ、所属組織の素晴らしさ、役職、ミッションなど、会話したときの印象を褒め、名刺交換したからといって、**誰にでもスカウトメールを送るとは限らない**ことも伝えなければならない。

実際にもそうだ。名刺を交換したすべての人が、「見た目」どおりの優秀な人とは限らない。スカウトメールを送る際には、**取捨選択を必ず行う。**まだ第一印象での評価ではあるものの、「あなたはふたたび選ばれた」という〝厳選採用〟の真実がそこにある。

❹ただ単に転職を勧める行為ではないことを伝える

将来のキャリアビジョンの参考になる機会であることを強調し、**入社や応募が前提と思われている早合点や誤解を解いておく**こと。

まずはとにかく、「会って〝役に立つ〟情報を提供したい」ことを伝えておきたい。

❺理念やビジョンについて書き連ねる

なぜ、何のために、スカウトしているのか、どのような組織をつくろうとしているのか、情熱を込めて自らの理想を伝えなければならない。

ともすると、軽薄な行為にも見られがちな街角スカウトであるが、スカウトマンの**理念・ビジョンが候補者の心に響けば、むしろ「だから、あそこまでするのか！」と、説得力・納得感が増す**はずだ。

あなたの情熱的な理念・ビジョンに対し、相手が引いてしまうようであれば、それまでのことだと、割り切ったほうがいい。

❻具体的なアポイントの候補日時をいくつか提示する

なかなか日時が決まらず、何度もメールの送受信を繰り返していると、せっかくのチャンスを逃してしまいかねない。

できるだけ初回の返信メールでアポイントを確定させるためにも、**一発回答しやすいように、時間帯を限定しすぎず、いくつかの候補日時を提示したほうがいい**だろう。無理にでも、5つくらいの候補日時を「○月○日○曜日の午後〜夜」とか「○月○日○曜日の終日」といったように広めに提示して、選択しやすくしてほしい。

❼アポイントの場所は、会社オフィスに招待する

ＳＯＳからのスカウトメールでファーストアプローチ（オリエンテーション）のアポが入る場合、**候補者は抵抗なく会社オフィスにやってくる**ことが多い。

であるのに、はじめから外のカフェで会うものだと決めつけてしまうのはいかがなものか。オフィスへ来てもらえれば、外で会う場合と比べて、**交通費やカフェ代が節約できるだけでなく、時間効率もいい。**

また、「オンラインでどうですか？」と安易に進めてしまうのも、もったいない。たしかに、いまの時代「リアルもオンラインも効果は同じだ」と思う人も多いだろう。実際、そうなのかもしれない。ただ、わが城（職場）の雰囲気を感じてもらいながら、ＭＤＲＴメンバーに会ってもらったり、その後のプログラム（ガイダンス）を担当する支社長などを紹介することもできる**地の利**もある。

この段階ではまだ、入社や応募することが前提ではないとはいえ、あくまでスカウトが大前提だ。「よかったら転職しませんか？」という場であることは、百も承知のオトナの

関係であり、この先も紙一重の攻防が続く。

オフィスへ招待できるか否かで、**候補者の転職に対する温度感も計れるし、ホームグラウンドのアドバンテージを生かすことで、一歩も二歩も前進していく**ことになるだろう。

❽ 運命的な出会いを強調する

スカウトメールの締めくくりでは、候補者の**人生を好転させる「必然の出来事」**であるという意味を感じてもらう。

SOSでの運命的な出会いが、まさに幸運やチャンスを運んでくれたのかもしれないと、期待感を抱かせることも重要だ。

そう、もはやこれは「宿命」なのだ、と。

ストレスゼロ！
リスケメールとテレアポの活用法

以上のようなポイントを踏まえてオリジナルのフォーマットを作成してほしい。「情熱のスカウトメール」だ。

ただし、これだけの熱いスカウトメールを送っても、それでも返信がない場合は、もちろんある。そのときには、**すぐに「再送」してほしい。翌日から翌々日までに**である。

とはいえ、ただ単にまったく同じ内容のメールを再送して「会いたい、会いたい」では、しつこい印象を与えかねないし、効果も薄い。そう、ひと手間が必要だ。

2度目のスカウトメールは、こっちからあえて「リスケ」するのである。

提示した日時のなかかから、「一部変更したい」と申し出るのだ。謝罪を込めた事前連絡として……。

実際にも、忙しいスカウトマンにとっては、返事が届かない間に予定が入ってしまうこともままあるだろう。

しかしこの「再送」というのは、**れっきとした「催促」である。**

さらに、「もう一度念のために……」というメッセージを添え、前回送った同じスカウトメールの履歴を並べるようにして転送することも忘れてはならない。

前回のメールは読み飛ばしてしまったり、斜め読みしかしていない場合もある。仮に同じ文章を2度読んでもらったとしても、**それはそれで理解が深まり、好都合**だ。

「勝手ながら月曜日の17時は都合が悪くなってしまったため（あなたがなかなか返事をくれないから）、金曜日の11時でも調整可能ですが、いかがでしょうか？」というスタンスで再送する。「いまあなたがせっかく調整してくれている時間とブッキングしてしまうと申し訳ないので、事前にお伝えしておきますね」という、**「気づかい」と「催促」が半分半分のプレッシャーをかける**のだ。

同様の内容を候補者の携帯番号に**「ショートメール」で送るのも手**だ。

会社のメールアドレスからは「返信ができない」事情もあるだろう。メールの内容は組織的に「監視」されていたり、外部への発信は上長の「許可」が必要な場合もある。

本当に転職を考えている候補者の場合、当然ながら、**その活動を上司に知られたくはないはずだ。**となれば、**スカウトメールに返信したくてもできない**のも無理はない。事前に個人アドレスを入手できていればいいが、すべてがそうはいかない。

しかも、候補者の気持ちは日々変化する。そして、さまざまな事情もかかえている。だったらここは、ショートメールからの返信を促すように、迷っている候補者の背中を押してあげるのだ。

あくまでも**これらの戦略的な催促は、「候補者のため」である。**人生に迷っている「未完の大器」に絶好のチャンスを提供しようというのだから……。

あらゆる手を駆使《くし》する、これこそスカウトマンの誠意であり、〝正義〟だ。

そして2回のスカウトメール（ショートメールでも可）に対して、それでも**返信がない場合は、ここではじめて「テレアポ」**だ。

初回メールから数えて4日以内（2回目メールから2日以内）に、候補者の携帯電話（または会社連絡先）へ、**つながるまで徹底的に何度でも電話をかけてほしい。**

せっかく苦労して手に入れた名刺（候補者）だ。直接会話ができるまでは、留守番電話には伝言を残すべきだし、会社へかけて外出のときは窓口の社員さんへ伝言を頼んだほうがいい。その際は堂々と身分を名乗り、「折り返しご連絡をください」と言って、こちらの携帯番号を伝えるくらいでちょうどいい。

候補者はお客さまではないのだ。遠慮などいらない。**「もはやこのまま逃げ切ることはできない」という心理状態になるまで圧を与え続ける**ことのほうが大切だ。

あなたにスカウトマンとしてのプライドがあればできる。しかし、誇りを忘れ、媚びたら最後、それ以上は踏み込めなくなる。

候補者本人の承諾なしに勝手にあきらめてはいけない。選択権は相手にあるのだから。

ぜひ、思い切って断られてほしい。◯（白）か×（黒）か、**一日も早く決着をつけてほ**

しいということだ。

とはいえ、怖がることはない。なぜなら、**2回目のメールの後に電話をすると、アポイント率がぐーんと高まる**からだ。

電話の向こうの候補者は、申し訳なさそうな声でこう言うだろう。

「メールに返信できてなくて、すみません」とか「ちょうどメールの返信をしようと思っていたところでした」と、下手に出てくるケースがほとんど。

だってもうすでに、**スカウトを前提に名刺交換をした間柄（知人）だ。**ましてや、いきなり声をかけて名刺交換に応じてくれるフレンドリーな紳士淑女である。はじめて電話をかける紹介先や名簿リストから電話する新規の候補者とはまったく違う。テレアポ特有のガチャ切りのストレスなどとは無縁である。

また、「どこから私の個人情報を手に入れたんですか？」とか「教えられないのなら訴えますよ」といった面倒なトラブルに発展する心配もいらない。

「アドバンテージ」はこちら側にあるのだ。

世の中には「テレアポ嫌い」がじつに多い。そんなあなたには朗報だろう。

みんな拒絶が怖いのだ。その気持ち、わからないでもない。

しかしもう大丈夫だ。

そもそも、メールや電話をもらうのが嫌ならば、**「はじめからスカウトマンとの名刺交換などに応じなければよかったのだ」**と解釈すべきである。そう、だから、遠慮という名の配慮はまったくいらない。

テレアポのセオリー（大原則）にもあるように、

「会うか、会わないか」

ではなく、

「いつ、どこで会うのか」

という日時と場所を決めるためだけに電話をする、それ以上でも以下でもない、かんたんな作業となるのである。

第3章

超優秀人材を引き寄せる本当の理由

スカウトのイニシアティブ

理想的なスカウト場所とタイミング——成功の場を見極める

優秀な人材を「発掘する場所」であるが、路上以外にも、もちろんチャンスはある。交差点（赤信号）、駅のホーム（電車待ち）、書店（ビジネス書コーナー）、カフェ、居酒屋、喫煙コーナー、イベント会場、デパート、コンビニ、複合施設、駅ビル、電車のなか、駐車場、病院、空港、公園など、いってしまえば、どこだっていい。

仕事の移動中や暮らしの生活圏における**いかなる場所にも〝お宝〟は埋もれている**ということだ。

たとえば、休憩するフリースペースなどでパソコンを開き、熱心に業務と向かい合っているビジネスパーソンを見かけたら、声をかけてみよう。あなたのほんのひと言から**無限**

に広がっていくであろう未来の可能性を、みすみす見すごしてはいけない。いやむしろ、その〝奇跡の瞬間〟をスルーしてしまうほうが不自然なのではないだろうか。

もし積極的かつ戦略的に、多くの候補者のなかから「これだ！」と感じる超優秀な人材だけを集中的に選別し、発掘したいと思うならば、場所はやはり、乗降客の多い駅の改札前などが効率がいい。

その場合のSOSに適している時間帯として、伝統的なゴールデンタイムは平日の午前10時から11時半頃である。もっとも多くの営業マンが動き出すのは午前10時前後。朝礼やミーティングが終わり「いってきまーす！」と外出する時間帯だ。

といってもリモートワークが増えた昨今は、人の流れが変わってきたようで、午後や夕方でも営業マンの数は午前とあまり変わらない。時間帯の偏《かたよ》りはなくなってきただけでなく、むしろコロナ禍前より、人の動きは活発になっている。**リモートワークが進化した現在であっても、リアルな人と人との触れ合いは失われていない**ようだ。

もちろん、朝夕の出退勤タイムにトライすることもオーケーだが、都心の場合はものすごいラッシュによる混雑と、一般の人（セールスパーソン以外の人）が多すぎて、声をかけにくい（見つけにくい）という難点もある。

やはり、臆することなくＳＯＳのアンテナを立て続け、**大原則は「24時間いつでもどこでも積極的に」という姿勢がベスト**だ。

ただあなたが、日常の移動中にどこでも声をかけられるレベルに達するまでの間は、「1週間に1時間だけ集中する」という取り組みをお勧めしたい。ＳＯＳスイッチを〝オン〟に切り替え、**あらかじめ曜日や時間帯などのスケジュールと場所を決めて、マストで取り組む**のがいいだろう。

私の場合、「採れマンデー」「ビッグ・ウェンズデー」「決戦は金曜日！」など、キャッチコピー的なスローガンを設定していたこともある。

あなただったら、何曜日にする？

成功への道しるべ——「SOSピラミッド」の威《い》力《りょく》

私たち生保営業ビジネスの場合であれば、ＳＯＳの声かけのみの活動で、スカウトマン１人につき平均して「年間４名」は採用できる計算が立つ。時間的な拘束は、１週間にたった１時間だけのことだ。

おそらく、この時間がつくれないという人はいないだろう。

それだけの取り組みで、**クォーター（3か月）に1名の優秀な社員が採れる**のだから、やりたくない理由を見つけては逃げまわっている人や、ちょっとだけかじっては忙しいふりしてやめてしまう人の気持ちが、私には理解できない。

確率からいうと、３か月かけてだいたい**60人から100人と名刺交換ができれば、1名**

は入社してくる計算式がある。名刺交換した人の10名に3名（約30％）はファーストアプローチ（オリエンテーション）のアポイントが取れる。そのうちの3名に1名がキャリアプログラム（ガイダンスや説明会セッション）などに参加。さらにそのうちの4名に1名は面接（セレクション）へと進んでいく。最終的にはふるいにかけられ、不合格者や辞退者も出るが、**SOSピラミッドの頂点である「1名入社」**へとたどり着くのである。

もちろん、スカウトマンとしての実力には個人差があり、巡《めぐ》り会いの運不運がつきまとうものの、〝確率〟は嘘をつかない。SOS名刺の分母が増えれば増えるほど、「大数の法則」がその答えを導き出してくれるからだ。

要するに、**目先の「うまくいった・うまくいかない」だけで右往左往することなく、ただひたすらに「継続せよ」**ということである。

生保業界のマネージャーレベルの人間力であれば、誰がやっても、1時間で平均5枚～10枚の名刺交換はできるようになる。または、「1日に1枚（2枚）」「1週間に5枚（10枚）」と、目標を定めて臨《のぞ》むのもよいだろう。

これなら最低でも、月間20名との名刺交換ができる計算だ。月間で20枚ということは1年間・12か月で240枚となり、もしこれが月間40枚だったら年間480枚である。

もし、優秀なあなたが、**1年間で500名近いニューネームの人材と名刺交換をしたとして、「何も化学反応が起こらない」ということがあるだろうか？**

リクルートに限らず、いわゆるビジネス上の一般論として（営業上でも……）、500人のお客さまや取引先に対し、何か新しいアプローチをして「何も売れなかった」「何の可能性も切り開くことができなかった」ということがあるだろうか。

何をいわんや、もはや自明の理である。

SOSだからこそ発掘できる超優秀人材の秘密

もちろん、数だけの話ではない。

くどいようだが、SOSとは不特定多数に声をかける軽薄な行為ではない。よって、人材の質に疑問をもたれるのは大きな誤解であり、街角スカウトだからこそ優秀な人材が採用できる、という大原則については前述したとおりだ。とにかく、営業適性が高い良質な人材と名刺交換ができることは間違いない。

では、**具体的にどんな特長のある人材なのか。**

人物像のベストテン（順不同）は以下のとおりである。

❶【自信家である】

やはり、ビジネスの世界で成功している人は、総じて自信家だ。「自分大好き人間」のオリンピック代表であり、それは自信過剰といってもよいほどかもしれない。

どんなにポーズをとっていようとも、内心ではスカウトされて嬉しいもの。**「私には選ばれるべき素晴らしい魅力がある」という〝うぬぼれ〟がある**のが普通で、じつは「まんざらでもない」のだ。

反対に、「私なんか、たいしたことないです」と怖がって逃げてしまう人は、本当に〝たいしたことない人〟なのである。関わっても時間が無駄になるだけだろう。**ここでまず、第一段階の〝合否判定〟ができる**というわけだ。

❷【人が好き】

人なつっこくて警戒心がないので、突然、街で知らない人に声をかけられても動じることなく、フレンドリーに名刺交換に応じてくれる性格。訝《いぶか》しんだり警戒するどころか、このシチュエーションを愉快に感じている。**まさに営業向きであることは明白**だ。

生命保険営業に限らず、あらゆる業種職種、たとえ事務職であったとしても、職場の人間関係が大切であることを考えれば、人に対して明るく好意的で、みんなと仲よく交流できる人というのは、**どんな組織においても望まれる人材**なのではないだろうか。

❸【ご縁を大切にする人】

ご縁を大切にする＝運命的な出会いを信じている人。

「出会いは必然だ」という思いから、人と人とのご縁を大切しているため、突然のスカウト行為をうかつにも断ったりすることはない。むしろ、**積極的に人脈を増やしていくタイプ**でもある。

これまた、営業向きビジネスパーソンであることは間違いないだろう。あなたの周りでもそうなのではないだろうか。いわゆる何かを成し遂げた人のコメントや、彼ら成功者の著書などを読めば、判を押したように**「ご縁を大切にする」というフレーズが登場する。**

❹【社交性が高い】

社交的であるからこそ、初対面の相手であってもコミュニケーションが成立するわけだ。人づき合いを大切にしている社交家は、はじめて会ったばかりのスカウトマンとの間でも、**「ぜひまた、会いましょう」「はい、ぜひぜひ」と、面白いように会話が弾む**ことも少なくない。

おしゃべり好きな社交家は、街角の名刺交換からでも人間関係を深めていくことができ、**さらに情報交換からビジネスチャンスを広げていく習慣をもっている。**

❺【好奇心旺盛】

好奇心旺盛な人は、現状に満足せず、つねに刺激を求めている。

日常生活においては、いきなり街で声をかけられて「名刺交換しましょう」と求められることはめったにない。そんな極めて珍しい〝ハプニング〟に対し、驚いて逃げてしまう人もいる一方で、好奇心旺盛な人は、**逆に興味津々《きょうみしんしん》に関心を示す。**

「へぇー、面白い試みをしているんですねぇ？」「なぜ、ここまでして採用活動をするんですかぁ?」「いったい、私のどこがよくて声をかけたんですかね?」などと、**質問を浴びせてくる**こともある。

性格も能動的な傾向があり、モチベーションも高い。

❻【優良企業で活躍している】

現在、大企業や優良企業で活躍中だからこそ、堂々と名刺が出せるのだ。誇れる有名企業に勤務しているからこそ……、また出世が早く役職づきの名刺であるからこそ……、さらには花形部署で活躍中であるからこそ……、意気揚々と名刺交換に応じてくれる。

職務経歴書の**選考上、問題のない候補者**かどうか、ここでその判断もできたことになる。むしろ、求めている絶好の人材であろう。

逆に、知名度の低い中小企業、経営難の零細企業、あやしいベンチャー企業だったり、役職なしの名刺をもつビジネスパーソンの場合、「僕なんて、あなたが期待しているような人材ではありませんよ」という思いから、名刺交換には遠慮がちになる。

昨今では「個人情報なので、名刺交換は会社から禁じられている」と、お堅いことを言う営業マンもときどきいる。しかし本来の営業マンならば、名前を売る（自分を売る）ために、ひとりでも多くの人と名刺を交わすのは仕事の初歩だ。

それに応じない時点で、営業マン失格であると解釈しておきたい。

⑦【高学歴である】

優良企業に勤務しているということは、必然的に高学歴である可能性が高い。

となれば、**自己概念が高く、良質なエリート人脈をもつ人材**だ。人生とは「自分自身を映し出す鏡」であるといわれる。よって、その人のベースとなる人脈も高学歴であり、高収入であることが多い。自己マーケットは潤沢かつ豊富。

仮にその候補者が入社に至らなかったとしても、その人とのつながり（シャドー）から良質の人材が採用できる流れもあり、新たなるマーケット展開も期待できる。

もし、リクルートする側の企業に「大学卒」という合格基準があるのなら、それもクリアしていることになる。

知力・理解力・応用力も高く、育った家庭環境も良好であろう。

❽【逆営業する戦略家】

この名刺交換をきっかけにして、**「逆に営業してやろう」という〝あざとさ〟があり、どんな機会をも逃さない積極的な姿勢をもつ。**

不動産、金融、人材派遣、広告代理店、自動車ディーラーの営業マンなど、彼らはこうした新しい出会いこそ「営業チャンス」だと捉えていて、無から有を生み出す「したたかな戦略家」である。

まったくもって、頼もしい人材ではないか。

❾【礼儀正しい】

急な声かけにも無礼な態度をとることのない、礼儀作法のしっかりした紳士淑女である。**マナーや言葉遣いにも品行方正さがあり、標準以上の常識をもった人格者**だ。

声をかけられた瞬間は驚きつつも、それでも丁寧に対応してくれ、温厚で思いやりがある。ホスピタリティあふれる人柄であることが多い。

現職企業においても、ビジネスパーソンとしての教育や研修を継続的に受けており、社会人としての基礎的な知識やスキルも身につけている。

⑩「人を見る目をもっている」

スカウトマンとして「人を見る目」が必要不可欠なのはいうまでもないが、候補者のほうも「人を見る目」をもっていたら申し分ないだろう。ある種の〝相思相愛〟だ。声をかけたこちら側がそう判断するように、同時に声をかけられた候補者側も、こちらの人間性を判断しようとする。そんな「洞察力」をもち合わせているということになる。

スカウトマンであるあなたが優秀な人材であるなら、**優秀な人は優秀な人がわかる「見る目」や感性がある**ということ。

第一線で活躍している人物かどうか、相手の候補者も観察しているのだから、あなたが優秀であればあるほど……、**洞察力の高い候補者であればあるほど……、名刺交換が成立する**というわけである。

さて、どうだろうか？

ＳＯＳなんてろくな人材が採れないと思い込んでいた人にとっては、改めてこれらの特長を理解できたことによって、「すぐにでも取り組みたい」とウズウズしてきたのではないだろうか。

じつのところ、ＳＯＳ成功の秘訣とは、「やるか、やらないか」という実行力がすべてであり、**新たな出会い、さまざまなご縁、開かれた運命に胸を躍らせ、その行為をシンプルに楽しむこと**なのだ。

だから勘違いしてもらっては困る。新規開拓の飛び込み営業のようなストレスとは、無縁である。そもそも、スカウトを受ける候補者は嫌がってなどいない。

それどころか「まんざらでもない」と内心喜んでいるのだし、自尊心をくすぐられ「チャンス到来」と奮《ふる》い立つ候補者も少なくないのだ。

そう、あくまでも「スカウト」という強力なイニシアティブを握っていることを忘れず、優秀な人材との出会いを育んでほしいものである。

「SOS」の3つの意味と「断られない」マインドセット

なんといっても、「潜在ニーズ付き」の名刺交換である。街を行く彼らは**心のなかで「助けてー！」と、SOS信号を出している。**スカウトマンであるあなたは、人生の〝救世主〟となったつもりで、救いの手を差しのべ、はじめのひと言を投げかけることである。

その大義も含めて、SOSには、**「3つの意味」**がある。

1つ目は、「Scout Off（On）the Street」の頭文字をとった略称。

2つ目は、潜在的な転職願望をもつ採用候補者からの「SOS信号」を受け止め、不満・不安が渦巻く窮地から救ってあげること。

そして3つ目は、人材難の折、正直なところをぶっちゃければ、**リクルート候補者の**

リソース発掘に四苦八苦しているスカウトマン自身もまた、「SOS信号」を出しているということだ。ここはもう、カッコつけている場合じゃない。〝お互いの幸せ〟のために、動き出そうではないか。

となればもう、四の五の言わず経験を積み重ねることだ。判断に「迷ったらGO！」である。もはや道に迷っている場合ではない。

そうはいっても、多くのスカウトマンはチキンハートだ。候補者からの**断りが続くと心が折れ、正当化をはじめる。**「あの人は急いでいる」「あの人はまだ転職しそうにない」「あの人は歳をとっている」「あの人は若すぎる」「あの人は営業に向いてない」「あの人は性格が悪そう」という判断を下し、躊躇《ちゅうちょ》する。

はあ、やれやれ……。あなたはいつから〝超能力者〟になったのか？

「人を見る目」の達人である私であっても、100％の成功はない。いや、100％どころか、名刺交換を断られるケースのほうが圧倒的に多い。そもそも街を歩いている人を数秒間だけで判断するのだから、完璧などあり得ない。ある程度は断られる想定で臨む覚悟も必要だ。

いわゆる**「厳選という名の消極性」に陥《おちい》らないよう、腹をくくる**ことである。

本当は内心ひよっているだけなのに、自らの「ビビリ」を認めたくないがために、都合よく〝厳選〟していると思いたいのだ。東京の街を2時間も徘徊《はいかい》し、「いい営業マンが1人も歩いていなかった」と真顔で言い訳するのだから、開いた口がふさがらない。いやはや、正当化するにもほどがある。

断られた場合は、「適性のない人であった」と解釈すればいいだけだ。

もし、無視されたり、「ふんっ」と一蹴《いっしゅう》されたり、無礼な態度をとられた場合、私は大きな声で**「間違えました！」と言い放つ**ことにしている。そう、私の判断が〝間違えた〟のだ。だから**けっして「断られた」のではない。〝人違い〟だった**のである。

そう思えばすっきりして傷つかないで済むし、ショックも少ない。

要は、気持ちの切り替えだ。ＳＯＳを継続するうえで、極めて重要な「マインドセット」なのである。

第4章

再現性の塊となる習慣化への道

リクルートの神様は見ている

1週間で候補者を確定させるスピード戦略

とにかく、名刺交換をしてから**「1週間以内に白黒つける」、そのサイクルを習慣化することだ**。まずは、アポが取れたか（白・◯）か、断られたか（黒・×）か、結果をはっきりさせる。間違っても中途半端なままの候補者（グレー・△）でリスト内を膨張させないことである。あふれかえった名刺を前に、幻の候補者を溜め込むことほど危険なことはない。なぜなら、〝エセ満足感〟によって、新規の足が止まってしまうからだ。

つねに「明日のSOS」へと意識を向けさせるためにも、「回転率」を上げなければならない。それは、スカウト活動に限らず、営業活動もそうだし、飲食店などの商売もそう……、ありとあらゆるビジネスにおいて共通している大原則なのではないだろうか。

候補者から「二度と連絡するな」とキッパリと断られるまで、徹底的に白黒をつけなければいけない。**ウィークリーで完全にゼロ・リセットし、そのたびに「SOSスイッチ」を入れ直す**のである。

たとえば、以下のような1週間のサイクルになることが望ましい。

月曜日(または火曜日)に名刺交換し、1回目のスカウトメールを送る。

⬇

水曜日(または木曜日)までに、2回目のリスケメールを送る。

⬇

金曜日(または翌月曜日)までに、テレアポを実施し、○×の白黒判定を終わらせる。

インパクトが残る出会いから、いたずらに時間を置かないことだ。**ホットなタイミングであればあるほど、アポ率は高まる**のだから、サイクルは早ければ早いほどいい。できればウィークリーといわず、3日以内に決着をつけたいところである。

もとよりスカウトマンにとっての必要不可欠な「行動特性」とは何なのか。

それはやはり、優秀な営業マンやアスリート同様の「スピード感」であろう。たとえ自分の行動に**「厳選という名の消極性」の兆候が表れたとしても、すぐにそれを察知してふたたびアクセルを踏み、さらにスピードを加速する**ことのできるスカウトマンだけが、勝ち上がっていくのだ。

リクルートの苦手な営業所長（マネージャー）は、けっしてスカウト能力が〝低い〟のではなく、ただ単に行動が〝遅い〟だけなのだ。希少な人材をスカウティングするためには長い期間が必要であると、はなから決めつけている。というか、無意識に「言い訳」を決めている。

だが現実には、ハイパフォーマーが3か月で達成できる採用目標を1年もかけて達成しているだけであり、1週間で終えるアポ取りをグズグズと1か月かけているだけなのである。とかくリクルート業務は後回しになりがちだ。今日できるスカウトメールでも明日にする。今週できるテレアポも来週にする。そうやって結局、最優先すべき仕事（スカウト活動）をしないまま貴重な一日を終えるのだ。

「あなたが向き合わなかった問題は、いずれ運命として出会うことになる」

この言葉は、著名な心理学者、カール・グスタフ・ユングの名言だ。

リクルートの重要性は高いが、緊急性は低い。今月の採用がゼロであっても、すぐに困ることはない（いずれ困ることになるのだが……）。日々、言い訳怪獣のエサになる「雑用」は嵐のように舞い込んでくるし、管理職が「マルチタスク」の多忙であることには同情の余地もある。

でもそこへ逃げ込んでいる間は、いつまで経っても〝ネクスト〟へ進めない。「回転率」が上がらないだけでなく、貴重な候補者を次々と失っていくだけだ。

SOSで大きな成果を上げたいなら、スピードを上げて目の前の仕事を一刻も早く終わらせること。〇×の結果に一喜一憂《いっきいちゆう》している場合ではないのだ。

「スピード」決着がついた後の合言葉は、**「さあ、ネクスト！」「リ・スタート！」**。やはりいまの時代、**「Speed・Next・Start」の「SNS」**が勝負を決するのである。

失敗からの逆転——「ワイルドカード」で敗者復活

では、断られた「×」の候補者は、そのままシュレッダーで紙くずにしてしまっていいのか。いや、もちろんそんなことはしない。希少で優秀な人材を切って捨てたらもったいないではないか。

いったん**「失敗リスト=ワイルドカード・リスト」**をつくって大切に保存しておき、半年ごとに再アプローチをかける。いわゆる**「敗者復活戦」**である。

そのためには必ず、会えた・会えないにかかわらず、×が決定した時点で候補者へひと言、「そうですか、わかりました」の後に、**「もう一度、半年後にご案内させてもらってもよろしいでしょうか?」**とつけ加えておくことが絶対条件だ。

半年後に、チャンスはまた訪れる。生活や職場環境というものは、つねに変化していくものである。

たとえば……

「理不尽な人事異動があった」
「地方へ転勤の辞令が出た」
「好きだった上司から嫌いな上司に変わった」
「組織の方針が著しく変わった」
「給料・ボーナスが下がった」
「景気の変動により、経営状態が悪化した」
「結婚、または離婚した」
「育児から解放された」
「家族が病気になった、または治った」
「マイホームを購入した」

「プロジェクトが終わりひと区切りついた」
「忙しい時期がすぎて、転職を検討する余裕ができた」

というように、**半年前には思いもよらなかった変化が訪れているかもしれない。人生とは諸行《しょぎょう》無常《むじょう》だ。一生安泰な環境が続くとは限らないものである。**

仮に半年後には変化がなくとも、その半年後、さらにその半年後と……、または、その2年後、3年後、5年後と、時を隔《へだ》てていったらどうだろうか？
たった一度や二度断られたくらいで、候補者リストから完全に消し去ってしまうなんて、あり得ない暴挙である。

そんなこと、言われなくても「熱心に再アプローチしている」というスカウトマンも多いだろう。ただそれはおそらく、苦手なタイプは除いて対応のよかった人にだけ、ふと思い出したときや暇なときに連絡する程度には、感覚に任せて再アプローチしているのかもしれない。

しかし、気まぐれに2か月後にアプローチしても「しつこい！」と煙たがられるだけだし、2年後にアプローチしたところで「あんた誰だっけ？」または「もう他社へ転職してしまったよ」ということにもなりかねない。だからこそ、**すべての断われた候補者に対して、漏れなくきっちりと**「半年ごと」にアプローチしてほしいのだ。

そのためには、半年後の「セカンド・チャンス」をイメージして〝しくじり〟を締めくくっておかなければならない。いったんはしっかりと断られておく。候補者にしても、せっかくの熱心なお誘いを断ってしまって「ごめんなさい」という負い目は少なからずある。だからこれは「貸し1」なのだ。そう、貸したものをきっちりと返してもらうだけ。

SOS活動と並行しながら、定期的に「ワイルドカード」の管理も徹底し、戦略的なスカウティング・システムを構築してほしい。

断られれば断られるほど、未来の仲間は増えていくのだ。

であるなら、「断られる勇気」も湧いてこようというものである。

最高のパートナーを見つける意味

スカウトマンは孤独だ。

それに耐えられないようであれば、すでに失格なのだが、そうはいっても、SOSを単独で継続するメンタルは並大抵ではない。

スカウト行為自体はシンプルではあるものの、それを計画的に実行し続けるとなると難しく、フェイドアウトしていくスカウトマンも多いと聞く。本書にあるようなセオリーをマスターできればいいのだが、〝自己流のナンパ〟ではそうかんたんには継続できない。よって、この本も売れている（はずだ）。


もっとも効果的かつ合理的なスカウティング・メソッドであるにもかかわらず、意外に

もライバルが少ないのがその証拠だろう。たしかに、誰でも楽々こなせて拒絶もゼロというイージーな方法ならば、それこそみんなやっている。

とにかく永遠のテーマ（課題）は、いかに実行し続けることができるか、なのだ。

そこで一案だ。

自分ひとりで取り組む勇気が乏《とぼ》しい人は、慣れるまで私早川のような**プロのコーチをつけ、実践でレクチャーを受ける**といい。といっても、残念ながら私は世界に一人しかいない。私の代わりはなかなかいないだろうが、せめて誰か**「パートナー」を見つけてペアで取り組むと気持ちが折れずに継続しやすい。**

たとえば、あなたが営業所長なら、営業所長同士、営業所長と支社長、営業所長とライフプランナー（保険募集人）という組み合わせでもいいし、同業他社の仲間とペアを組むのも刺激的だろう。

街行く候補者に対して、ペアでお互いに候補者を指名し合い、順番に声をかける「ゲーム感覚」で取り組むという方法もある。「制限時間」などのルールを決め、「目標」と「ご褒美《ほうび》」を設定しておくと盛り上がる。名刺の数を多く獲得できたほうがランチを奢《おご》ってもらえるとか、夜のビールを賭けるとか、何だっていい。

やはり、**「誰（候補者）を指名するのか」、それを決断する勇気が足りない**傾向が見られる。であるなら、ペアを組むパートナーがターゲットを決め、あなたの背中を押してもらえさえすれば、あとは声をかけるだけ。もうやらざるを得ない。そうして声かけに慣れてしまえば、名刺交換はそれほど難しくはない。

しかし、自分ひとりの判断で、どんな候補者を指名するのか、いざそれを「決める」瞬間になると、**「まあ、いいか」とおじけづいてしまい〝厳選という名の消極性〟が邪魔をする**のだ。

まさにヘタレな自分自身との戦いだ。

その心理的葛藤《かっとう》たるや、ときには自己嫌悪《けんお》に陥るほどである。

だからこそ、ペアを組むうえで気をつけなければならないのは、「自己肯定感」の高い相手を選ぶことである。つまり、**「人を見る目」をもつパートナーと組まなければならない**ということだ。

自己肯定感の高いパートナーと組めれば、よい刺激も受けるし、自分の好みとはまたタイプの違う候補者を指名してもらえる新鮮さもある。

目の前に起きている現象は、自らの心を映し出す鏡だ。

当然、指名する候補者を見つける力も……、見極める力も……、決定する力も……、「人を見る目＝人間力」にかかっている。

そもそも、自信満々で優秀そうな人材に対しては、尻込みし、気後《おく》れ、弱腰になっているにもかかわらず、それでいて、気の弱そうなおとなしい人には声をかけられる、という姿勢では、名刺交換は成立しない。

よって、**ペアで活動するなら、自己肯定感の高いパートナーを選ばなければならないし、自らも選ばれるパートナーであらねばならない。**

チーム内の**営業マンとペアを組むSOSもあり**だろう。経営者なども含め、彼らの人脈を広げるうえで見込み客開拓になるし、実際、転職にはなかなか結びつかない候補者でも、まずはお客さまになっていく可能性のほうがはるかに高い。

仲間のメンバーにとっては、スカウトの責任やプレッシャーはないし、意外にも気楽に参加してくれるため、ビギナーズラックに恵まれることもある。

ときに、マネージャーががんばる姿に触発され、営業マン自身の人脈から、リクルート候補者の紹介が出たりすることもある。

また、スカウト活動をきっかけにして将来のマネージャー志向に火がつき、よりよい協力者になってくれることもあるだろう。

「共にいいチームをつくっていこう」という新たな目標と連帯感も生まれるかもしれないではないか。

何より、マネージャーである自分自身がやらざるを得ない状況に追い込まれる。

仲間をSOSへ巻き込んでいくメリットは計り知れない。

スカウトの心を鍛えるメンタルトレーニング

さらに発想を転換させ、ＳＯＳを「リクルート・トレーニング」の一環と考えてみてはどうだろうか。

いうなれば、**スカウティングの〝筋トレ〟**だ。

スカウトのプロフェッショナルとして生きていくためには、

［本気］
［勇気］
［根気］

が必要不可欠。

その強い覚悟がなければ、どうせ長続きはしない。

SOSとは**「人を見る目」を磨き上げる力を蓄えるのと同時に、「プロ意識」を育てるトレーニングだと信じよう。**

トレーニングだと思えば、目先の〝結果〟だけに一喜一憂し、三日坊主で終わることもあるまい。

そして、スポーツジムに通うように、習慣化することができれば、ますます強靭な筋肉質のスカウト・マインドができ上がる。

運を味方にするスカウト術

この章の最後に、SOS最大の効果を伝えておきたい。

それは非科学的ではあるのだが、リクルート運がツイてきて、優秀な人材が磁石のように引き寄せられてくる、という〝現実〟だ。

本当に不思議である。

たびたび起こる出会いの〝奇跡〟に、「神がかっている」ゾーン体験を幾度となくする。

「リクルートの神様は見ている」

というような、ある種の〝信仰〟も芽生え、その宗教観が負けない心を培っていく。

そうなると、「この努力が報《むく》われないわけがない」……そんな境地に至るのだ。

まさに、リクルートの〝解脱《げだつ》〟である。

「そんな話、とてもじゃないが信じられない」という人は、ぜひ試してみるといい。

第5章

妥協を許さないスカウトの真髄

最高の人材を見つけ出すために何ができるか

「人を見る目」を鍛える厳選のステージ

ＳＯＳによって数多くの候補者がリクルート・プロセスの流れに乗ってきたからといっても、まだまだゴールは先だ。ここで浮かれている場合ではないし、最終的には厳しい面接を行ってふるいにかけるステージが待っている。

かつてより私は「人を見る目」を磨きながら、徹頭徹尾《てっとうてつび》、単なる採用数ではない**ハイスペックな「優秀人材の数」**にターゲットを絞り、それにこだわってきた。

情熱的なキャリア・プログラムのスピーカーとして候補者をその気にさせ、口説き落とすのも私たちの仕事なら、冷静かつ厳格な面接官として候補者をふるい落とすのもまた、私たちの仕事だ。

リクルートの「推進」と適性の「見極め」を並行して取り組むこと、それこそが組織を預かる営業所長・支社長・本部長としての力量を試される重要な任務なのである。

その背景には、どのような最強・最適のチームを構築していきたいのか、願望を明確に描いておくことが大切であることはいうまでもない。

誰もが認めるヘッドハンティングのプロフェッショナルとして、支社長・営業所長に求められる5大条件がある。

次のような「あるべき姿」を標榜《ひょうぼう》し、日々努力研鑽していく姿勢が求められる。

①強いリーダーシップで組織拡大を推進する「プロモーター」
②手本となるスカウト・スキルが光る「エキスパート」
③候補者を入社へと導く人間的な魅力あふれる「ホールパーソン」
④候補者のハートに火をつける「モティベーター」
⑤優秀人材を見極める信念をもつ誇り高き「プレジデント」

とはいえ、スカウトマンである支社長・営業所長も人間のはしくれだ。採用統括部長になっても、営業本部長になっても、つねに〝不動心〟でなければ、ついつい目先の短絡的な煩悩に惑わされてしまう。

リクルート・プロセスにおいても同様に、**採用候補者のいいところばかりを贔屓目《ひいきめ》に見てしまう傾向があることは否《いな》めない**ようだ。

短所よりも長所、弱みよりも強み、欠点よりも美点、デメリットよりもメリット、リスクよりもリターン、過去の実績よりもこれからのやる気、というように、すべて性善説で信頼することは人間として素晴らしいことなのかもしれない。

しかし、「どうかよい人材であってほしい」という願望はハロー効果となって評価を歪ませ、候補者に対して優秀人材の〝仮面〟をかぶせてしまいがちである。

いかんせん、**「人を見る目」が曇る。**

そんな信念なき観点で適性を判定しているようでは、組織をつかさどるスカウトマンとして失格である。

拡大や増員（または査定・評価）という目標のために、採用候補者の本性から目を逸らし、判断基準を狂わせてはいけない。

「合格・採用ありき」な自己都合の意識は捨て去り、目がくらんでいる自分自身を疑い、俯瞰《ふかん》してみることが大切だ。

けっして採用候補者に熱く惚《ほ》れ込むことが悪いとはいえないが、リクルートをより効率的に進めるためにも、**冷静に候補者を観察すること**である。

リクルート・プロセスにおいては、つねに心は「ホット」でも、頭は「クール」にしておき、厳しく適性を見極めなければならない。

候補者のためにふるい落とす「売り買いの逆転」

人の道を踏み外してはいけない。

候補者の人生を考えるうえでも、**厳選に厳選**を重ねてあげなければ、あまりにも無責任だろう。惚れ込みすぎて判断の見境がつかなくなり、それがエスカレートしていけば、その先に待っているのは「共倒れ」という結末である。

SOSのターゲットとして「プロスペクト」した時点から、すでに優秀人材としての選別、選定、選択をスタートさせる強い意識が必要だ。**「人を見る目」を大きく見開き、「絶対、容易には入社させない」というふるい落とす姿勢**があるからこそ、イニシアティブを握ることができる。

「誰にでも声をかけているわけではない」
「適性のない人は落としている」
「あなたのためにチャンスを提供している」

根底にその意識がないと、「お願いだから入社してほしい」という媚びた態度の人事担当者（スカウトマン）に成り下がり、いつまで経っても「売り買いの逆転」は起こらないだろう。イニシアティブは候補者に握られたままだ。

生保業界においては常識となっているこの**「売り買いの逆転」の意味とは、**

スカウト「転職を考えてみませんか？」
候補者「いや、いまのところ転職する気はありません」
という関係から、

候補者「私は入社できるでしょうか？」

スカウト「それはわかりません。どうかまだ焦《あせ》らずに」

というような関係に変化することである。

もちろん、**候補者には断る権利があるが、こちらにだって断る権利がある。**

あくまでも、「フィフティ・フィフティ」でお互いに選択しているという関係がベストなのだ。


顔色をうかがう媚びた姿勢では、主導権は握れない。むしろその怪しい態度が候補者の疑心暗鬼《ぎしんあんき》を生む。「きっと大量採用を前提とした無節操な勧誘に違いない」という不信感を募《つの》らせてしまうのだ。

そうして、苦労してつないできた優秀人材とのご縁を、次々と逃すことになるのである。

「妥協しない」厳選スカウト

高生産性のチームを構築するためには、数多くの候補者を分母として、より厳選したスカウティングを推進しなければならない。顧客満足を追求する高品質の組織とは、豊富なSOS活動を継続することで成り立っている。

言い換えれば、**どれだけの候補者から選択し、どれだけ不採用として断り、どれだけ辞退へ追い込んだのか**、である。

残念ながら、世の中のビジネスパーソンが自ら進んで生保営業に興味関心をもつというケースはほとんどない。稀に、チャレンジしたいという〝志願兵〟が現れたとして、必ずしも彼らが適正人材であるとは限らない。

いずれ希少価値の高い人材と相思相愛となり入社に至るまでには、数多くの候補者から断りを受けたり、こちらから不合格にしたりというつらい経験を重ねることになる。そうした苦難のプロセスを経るからこそ、高品質の組織ができ上がるのだが、その道のりは平たんではない。

だからといって、少ない活動量のなかからピンポイントでリクルートの数を追求した場合、お決まりの悲劇が起こる。厳選することなく、数多くの応募者を受け入れてしまえば、人材のクオリティは著《いちじる》しく下がる。不適正人材が生産性を下げ、脆弱《ぜいじゃく》な支社（死社）となっていくのは当然のなりゆきなのだ。

応募者1人に対し、合格者1人というリクルートを「厳選」とは呼ばない。厳選なきリクルートは結局、「脱落者を増やすだけ」という不幸を繰り返すことになる。

退職者があふれて止まらない組織においては、必ず次のような弊害《へいがい》や悪循環を生み出すことになるから悲惨である。

- □ **お客さまからの信頼度が低下**
- □ **担当者不在による継続率の悪化**
- □ **退職予備軍により生産性が低迷**
- □ **組織全体のモチベーションが劣化**
- □ **支社長・営業所長の業務負担が過重**
- □ **退職者から社会へと風評被害が拡散**

スカウティングの活動量が伴っていないにもかかわらず、優秀人材が入社してくる幸運が長続きするほど組織づくりは甘くない。残念ながら、遅かれ早かれ荒廃してゆく運命が待っている。繰り返すが、**組織にはびこる「諸悪の根源」は、すべて「人を見る目」の浅はかさにある**といってもいいだろう。

かつてより私は、この真髄を死ぬほど伝えてきた。いますぐあなたの辞書から「妥協《だきょう》」という悪魔の言葉を削除しなければならない。

「セレクション（最終面接）」の意義と5つの質問ポイント

「人を見る目」を発揮《はっき》するための最終ステージ、それは、適性を見極めるためのセレクション（最終面接）である。

面接方法の解説をはじめる前に、まずは多くの一般企業や同業他社が実施しているリクルート面接について、その「問題点」を考えてみたい。

大前提は、**組織として「統一」されているかどうか**、である。各部署の面接会場ごとに、バラバラな質問を〝感覚的〟に投げかけているようでは話にならない。

判断基準も同様だ。もっとも大切な入社基準のルールさえ統一できていない組織では、おそらくはすべての規律においてもバラバラだろう。そんなまとまりのない営業組織では、やがて崩壊することは目に見えている。

統一された「質問シート」を使用せず、その場の思いつきで質問を繰り返す面接には、次のような問題点がある。

- □実際の適性よりも、「意欲」を高く評価してしまう
- □「採用したい」という気持ちが優先し、判定基準が甘くなる
- □一つの優れた能力要件によって、他の能力が「過大評価」されてしまう
- □絶対評価ではなく、他の候補者との「相対比較」により評価してしまう
- □本当に「必要な能力」に関する情報を得ることができない
- □未熟な「面接スキル」により誤解が生まれ、正しい評価ができない
- □候補者に主導権がわたってしまい、「統一された面接」とならない
- □回答に対する「記述」が不十分なため、感覚的な判定になりやすい
- □「曖昧な判定基準」により、複数の面接官の意見がまとまりにくい
- □安易な面接による不信感から、「応募辞退」となりやすい

私の推奨する「セレクション（最終面接）」であれば、以上のような問題点はすべて解決できる。私たちはその**リスクを最小限に抑《おさ》えるため**に、組織をあげて周知徹底してきた。

面接での「質問ポイント」は5つである。

①過去の「実績」や「数値」を聞き出す
②具体的な「行動例」について質問する
③ディメンション（能力要件）ごとに「効果的な質問」をする
④「面接シート」を活用し、パターン化された質問を繰り返す
⑤複数名による面接と「判定会議」を実施する

たとえば、

「やる気はありますか？」

という意欲を確認する問いかけや、

「あなたはポジティブですか？」

という誘導するような質問については、

「私はやる気満々です！　がんばります」

「もちろんポジティブなタイプです」

という**面接官の期待に応えようとする回答**になりやすく、〝偽ること〟ができてしまう。

したがって、**過去の実績や数値にフォーカスした質問**をしなければならない。

そう、「事実」だけを聞き出すのだ。

そうすれば、応募者は正直にありのままを話す傾向が強くなる。なぜなら、応募者は突発的につくり話をすることなどできるものではないし、仮に誇張《こちょう》された手柄話や架空《かくう》の成功事例などが出てきたとしても、深掘りした質問を繰り返していくうちに、つじつまが合わなくなるからだ。

そもそも嘘の実績や成功事例を話すことに対しては、後ろめたさや罪悪感を抱くのが、人間心理というものである。

「過去3年間、それぞれの目標達成率を教えてください」

「もっとも営業成績のよかった年は、同期の何人中、第何位でしたか？」

「全社平均の月間獲得件数は何件で、あなたは平均何件獲得してきましたか？」

という具体的な実績や数値を聞く質問をする。


そして次に、**具体的な行動例についても質問していく。**

面接官は過去の行動例を集め、それらを将来の行動予測に関連づけるだけでいい。くれぐれも観念的な質問は避け、「何を成し遂《と》げたのか」という事実に基《もと》づいた具体的な回答を得ることができれば、イメージや先入観による誤った判断に陥る可能性は低くなる、というわけだ。

さらによく「人を見る目」が鈍ってしまいがちなのは、**体育会系の人材に対する誤ったイメージである。**

「○○大学時代に体育会で野球（ラグビー・アメフト・サッカー）やってました」

「○○大会で優勝しました」

「〇〇部のキャプテンでした」

というのは、たしかに過去の実績ではあるし、厳しい練習への耐性も高いのかもしれない。しかしあくまでそれは、生まれつきの運動神経や体力が勝っていただけかもしれず、ビジネスパーソンのメンタル、営業マンのスキルをもって活躍できるとは限らない。あまりにもその経験だけで盛った見方をしてしまうのは気をつけたいものだ。

よってその場合には、次のような質問にする。

「野球（ラグビーなど）で努力したことが、社会に出てから生かされた経験について、具体的な実績・事例を教えてください」

以上のように、**候補者の行動を引き出すための効果的な質問**をすることさえできれば、その人がいったい何を目的に、どのような意図で行動に移してきた人材なのか、そしてその経験から何を学び、どのように成長してきた人材なのか、それがわかる有効な回答を得ることができる。

「セレクション」による適正人材の見極めが成功するかどうかは、そのような**面接官の「質問レベル」によって決まる**のである。

複数名での判定会議が重要なのはなぜか？

セレクション終了直後には、複数名の面接官による「判定会議」において採点・集計し、合否を決定する。

ここはあえて、中立の立場である第三者のマネージャー（営業所長）も入れておきたい。彼らを含めた少なくとも**4人以上の面接官全員で、10項目のディメンション（dimension）ごとに討議を重ねながら、一つひとつ「評点」をつけていく。**あくまで1項目ずつ丁寧に、けっしてザックリまとめて「合否」を決めてはいけない。

たとえば、私が最終面接の責任者を務めていた組織の場合、8点満点のうち「5点」で合格となるのだが、その5点は普通という意味ではなく、「合格基準」に達しているという評価である。基準クリアならば5点、強みがあると判断すれば6点、さらに秀でていれば7点、とびぬけて超優秀であれば8点。

一方で、「弱点・短所」があるならば4点以下となり、**総合評点が10項目の50点以上で合格**となる。

各面接官のディメンションの評価に対し、相違点が生じてしまった場合には、それぞれの具体的な行動事例に基づき、**「根拠のない観察結果」は排除していく。**全員合意のもと総合判定を下すのだ。

白熱した議論に発展するケースもあるが、そこにもまた〝意味〟がある。その経験を繰り返すことで、評価者としての蓄積された力量が養われ、よりレベルの高い「セレクション」へと進化していくのだから。

「観察眼＝人を見る目」とは、生身の人間と対峙するセレクション経験の積み重ねにより、確実に磨かれるものだといっても過言ではないだろう。

こうしたふるい落とすセレクション（面接）は、ヘッドハンター（支社長・営業所長）である一方で、最重要視すべき任務となるのだ。

そのプロセスにおいてスキルを磨き、妥協なきリクルートを推進していくために、次の

「7つの鉄則」を胸に刻んでおかなければならない。

①厳格に「不合格」とする採用で臨まなければならない
②けっして合格ありきで「採点を調整」してはならない
③組織拡大の「数合わせ」に囚《とら》われてはならない
④事前に数多くの候補者のなかから「ふるい」にかけておかなければならない
⑤可哀相だという候補者への「同情」は捨てなければならない
⑥良心に従って「候補者の人生」を考えた選択をしなければならない
⑦自らの人間力を磨き、「人を見る（観察する）目」を養う努力を怠《おこた》ってはならない

第6章

「STAR」誕生と超絶質問メソッド

踏み込んだ面接手法で優秀人材を見抜く

適性を見抜く「STAR」発掘法

「人を見る目」とは、事実を評価する力だ。

意味のある効果的な質問によって、**〝何を成し遂げてきたのか〟という「過去の行動事例」をできる限り集めれば、それらをもとに「将来の行動予測」に関連づけることができる。**

危険なのは、第一印象のイメージや先入観に引っ張られて「人を見る目」が曇り、誤った判断をしてしまうこと。よって、観念的な質問は人間性を見るための参考程度に留めておきたい。あくまで、具体的な行動事例を引き出す質問こそが〝核心〟だと心得てほしい。

適性を的確に見抜き、「人を見る目」をより精度の高いものにするためには、**〝スター誕**

生〟をキーワードに意識しておくといいだろう。
「S・T・A・R」の頭文字で覚えてほしい。

【S】＝「Situation」（シチュエーション）
どのような状況であったのか。誰が、いつ、どこで、何を、なぜ、どのように、という「5W1H」を正確にわかりやすく伝えられているか。

【T】＝「Task」（タスク）
その仕事のミッション、プロジェクトにおける目的・役割は何であったのか。その責任の所在も含めて、明確にさせること。

【A】＝「Action」（アクション）
そのとき具体的にどのような行動をとったのか。ストーリー性が高ければ高いほど臨場感が生まれ、説得力も高まる。

【R】＝「Result」（リザルト）

自らの力で生み出した明らかな「成果」がどれだけのものだったのか。他業態を知らない面接官に対しても、正しく伝わるような数値データで示されたか。

全体の質問を通して、

「〜だったと思います」「〜したつもりです」

というような曖昧で抽象的な表現ではなく、

「〜をしました！」「〜に取り組みました！」

という過去完了形で言い切っているかどうか。そして、どれだけの「成功体験」を積んできたのか、それをチェックしたい。

具体性のない不確実な回答では、何の証明にもならないのだから、信用に値しないだろう。

まぎれもない正真正銘の〝スター（STAR）発掘〟こそが、面接官（スカウトマン）の使命なのである。

意欲よりもエビデンスを重視する理由

応募者から「やる気」をアピールされ、それで評価を上げているようでは話にならない。意気込みを主張することなら誰だってできるし、それこそ、やる気があるのは最低限、当たり前のことだ。

やる気ほどあてにならない基準はない。むしろ、やる気アピールでごまかそうとする応募者は、中身が空っぽのお調子者で、数少ない偶然の成功体験にしがみついている痛いヤツかもしれない。うがった見方をすれば、口先だけの〝ホラ〟だと思ったほうがいい。というのは言いすぎだろうか。

「私は前向きです」「やる気があります」「がんばります」という意欲をアピールする姿勢

があっても悪くはないのだが、ないよりはあったほうがいい、というレベルのこと。だいたいがそれは持続可能なモチベーションなのか、一時的に上がっただけのテンションなのか。上がったテンションならやがて下がっていくし、安定しない。

面接に受かりたいと必死になっている決意表明や入社後の抱負《ほうふ》など、それらをどれだけ聞いたところで、つまるところ**「絵に描いた餅」**か**「空に浮かぶパイ」**なのである。

もちろん私たち面接官は、〝本物〟の熱意がある人材を採用するために、目を皿のようにして観察する。ただ、判断材料として**もっとも重要視する〝観点〟が「意気込み」ではない**、というべきだろうか。

観るべきは、「真実」の姿なのだ。

前向きに働く、意欲的に働く、成果に向かって働く、そういう本物の人材なのか、「ＳＴＡＲ」の方程式に当てはめ、それを証明しなければならないのである。

やる気や熱意は、過去の「実績」のなかに隠れている。それも数値化された確かなもの。

数年間にわたりコンスタントに高い業績を挙げてきた事実があれば、それは「スター発掘」のエビデンスになる。

営業職であれば、過去数年間の目標達成率やコンテストでの順位など、内勤職であっても、改善点の明確な数値や見える化されたＰＤＣＡの流れなど、具体的であればあるほど何よりの証明となるだろう。

悪意はないのだろうが、「盛った実績」を都合よく誇張してしまうのが人間の性《さが》だ。反面、嘘をつくことへの後ろめたさもつきまとう。

したがって、**裏づけや矛盾《むじゅん》点を深掘りしていけば、やがてメッキは剥《は》がれる。**「どうせ異業種は専門外だろう」と見くびってごまかそうとすればするほど、結局は、墓穴《ぼけつ》を掘ることになるだけなのだ。

二股・滑り止めを認めない「本命ひと筋」の覚悟を問う

面接官を務《つと》めていると、ときどき、応募者からの「並行して、他社も受けています」というバカ正直なコメントを聞くことがある。

まあたしかに、それが一般的には、セオリーなのかもしれない。必ずしも第一志望の「この面接」で合格を勝ち取れるとは限らないのだから、滑り止めも必要だろう。それはそれでかまわない。

百歩譲って、そのように他社が滑り止めなら致し方ないとしても、もしも〝二股、三股〟の「まだ迷っています」とか「どっちにするか考え中」なんていう優柔不断な無礼者がいたとしたら、「人生をなめてるのか！」と、その場で不採用の通告を突きつけてもいい。

「人を見る目」とは本音を見抜く力だ。

よって私の場合は、面接中にそのあたりの決意を徹底追及することにしている。建て前上、「御社、ひと筋です」と嘘をつかれたとしても、ほとんどお見通しなのだが、念を押したり、油断させたり、矛盾を突いたりと、疑惑が晴れるまで真相を暴《あば》いていく。

以前私がセレクションを担当した**女性の応募者を「面接中に2度も泣かしてしまった」**ことがある。

そもそも、その段階に至るまでに意向を確認し切れていなかった一次面接の責任者にも問題はあるものの、冒頭から**「他社とどちらかにするか迷っています。いまは半々です」**と答えるではないか。

そこで私は冷静に言い放った。

「迷っているのだったら、もうこの面接はやめましょう!」

「二股かけているというのは、私たち面接官に対しても失礼ですよね!」

「よく考えて、しっかりと腹が決まったら、もう一度、チャレンジしてください！」

すると、しどろもどろの答弁となり、みるみるうちにその女性の目から涙があふれて止まらなくなった。

おそらくその涙は、**自分自身への「悔《くや》しさ」の涙**であったに違いない。

私は女性の涙に弱い（この点は面接官失格だが……）。いったんは他の面接官のとりなしによってセレクションは続行されることとなり、最後まで進んだ。

当然ながら、「ふるい落とす面接」は、いつも以上に厳しい質問攻めとなっていった。

ところが逆にそれが、彼女のハートに火をつけたのだろうか。

締めくくりの決意表明において感極まり、また「泣き出した」のだ。

今度は、

「御社へ入社したいという100％の気持ちが〝いま〟固まりました」

「併願している他社へは、御社の合否を確認する前に断りの連絡を入れます」

と涙を流しながら訴えたのだ。少し調子のいい感は否めないが、**その不退転の〝決意の涙〟**を私は信じた。

結果、晴れて「合格」を勝ち取ったその応募者は、めでたく入社へと至ったのである。あれから10年近くの月日が流れ、私は別の組織へと移ってしまったが、聞くところによればその営業社員は、いまも変わらず大活躍しているらしい。**支社でトップを争うレベルにまで成長している**というのだから、あのときの選択はお互いに間違っていなかったということになる。

本命ひと筋に決意を固めたうえで最終面接に臨む、そういった一本筋の通った〝信じられる〟人材とともに働きたいではないか。

だいたいが、〝二股〟をかけられているのを知っていながら、「どうぞ、どうぞ」という、節操のない面接官もどうかしていると思う。また、そんなプライドのない企業を選ぶほうも選ぶほうだ。これまたどうかしている。

他社と並行して面接を受けておいて、内定が出た後にゆっくりと考えるだなんて、もしそんな中途半端な覚悟の応募者が面接に現れたら、即刻退場してもらうべきである。

役職にしがみつく〝終わった人〟の特徴とは？

「あなたは弊社で、いったい何ができますか？（何がしたいですか？）」と、面接官から問われたとき、いちばん恥ずかしいのは、**「課長（マネージャー）ができます」「部長職が得意です」という〝終わった人〟**だ。

さりとて、現職での肩書きが、一般の面接において有利に評価されることもあるだろう。だが私たちは、「S・T・A・R」を駆使したセレクションにおいて、その〝本性〟を暴かなければなければならない。

お飾りの「なんちゃってポジション」に固執している人かどうかを〝役職メガネ〟を外して見ることだ。ニセモノ・ブランドを見抜く〝眼力《がんりき》〟が必要となる。

だいたいが、名刺上の肩書きなど、組織によってそれぞれ役職の〝重み〟が違う。入社2年足らずでマネージャーに昇格してしまう成果主義の組織もあれば、15年がんばっても主任にすらなれない年功序列の組織もある。

事業部長より支店長のほうが格上の組織もあれば、支店長より課長のほうが格上の組織もある。

だから、**「肩書き」を重要視したところで意味がない**のだ。

さらには、一般のサラリーマン組織の場合、入社して何年か経つと、役職に差がついてきて、忖度《そんたく》の上手な同期社員のほうが先に出世する、なんてこともあり得る。残念ながら、必ずしも高い実績や優れた能力が公平に評価されるとは限らないのが「イエスマン組織」というものだ。

本来、**肩書きよりも評価すべきなのは、体験してきた〝志事〟の中身**だ。

ビジネス上の目的を実現するために必要な〝権限〟としてその肩書きが生かされたのならば評価できるが、虚栄心《きょえいしん》を満たすためだけに、そのポジションを求めてきたのであれば、たいした成果は上げられていないだろう。

たとえば、セールスはもうしたくないから、セールスマネージャー職に就きたいと希望して面接にチャレンジしてくる人がいるが、「自分がやりたくないこと」「自分が苦手としていること」で部下を指導することができるとは思えない。

たいてい、こういう輩は失敗を繰り返し、肩書きだけを頼りに職を転々とするはめになる。

ギラギラした野心や出世欲を否定するつもりはないし、対外的に見栄を張りたい承認欲求も理解できる。しかし、**「肩書きの世界」に囚われて働いていること自体、もはや〝本当の出世〟は見込めない**のではないだろうか。

クライマックスで差をつける締めくくりの逆質問力

締めくくりの質問XYZ

【質問X】

「こちらからの質問は以上で終了です。○○さんのほうから**何か〝質問〟はございますか？**」

【質問Y】

「最後に○○さんから決意表明などございましたら、ひと言よろしくお願いします。では、どうぞ」

【質問Z】

「長時間お疲れ様でした。合否につきましては、追ってご連絡を差し上げます」

というように、面接の最後で、

「何か質問はございますか？」

と、面接官の私から確認することがある。

それに対して、候補者からのもっとも多い回答というのは、

「特にありません」だ。

「こちらからの質問は以上で終了です」と伝えられた直後であるから、「ああ、これでやっと終わりかぁ」とホッとした瞬間でもあるのだろう。

2時間にも及ぶ、これでもかこれでもかという「質問の嵐」から解放され、疲れがかなり限界にきていることも理解できる。

おそらく「特にありません」の意味を噛み砕くと、

「これまですでに散々話を聞き尽くしてきて、十二分に御社のことは理解しているし、そのうえでこの面接に臨んでいるのだから、もはや質問などない」

ということらしいのだが……。

たしかに、ここに至るまでに、さまざまな検討を重ねて決断したのだろうから、この期に及んでさらなる質問を絞り出す必要はないのかもしれない。

しかし、面接官である私は**ただ単に、「候補者の疑問」を晴らしてあげるために聞いているのではない、という意図を察しておくべきであり、私の「人を見る目」がギラリと光る瞬間でもある。**

質問しない相手に対して、面接官の私はそこに、底の浅い軽薄さ、新しい仕事に臨む熱意の低さ、組織に対する無関心さ、業界への研究心の乏《とぼ》しさ、面接官の期待を裏切る感受性のなさなどが垣間見え、一気に評価を下げたくなる場面となるのだ。

それこそ、どうしても入社したい会社であって、本当に好きで好きでたまらない組織であるなら、**質問は永遠に尽きないはずである。貪欲にあれもこれも知りたくならなければおかしいではないか。**

それが普通だ。

企業側もそんな情熱的で聡明な人材を採らなければならない。

そのなかで、福利厚生面の確認やホームページに記載されているようなレベルの低い質問が飛び出してくることもある。

やはり、ありきたりの定番な質問では、オリジナリティは伝わってこない。

何かしら質問しなければいけないと焦り、つい口に出てしまうのかもしれないが、そういう意味では、「質問すること」を意識している分だけ、何も質問しない人よりは〝まし〟であるともいえる。

この場面は、面接のクライマックスシーンなのだから、面接官を唸らせる気の利いた質問の2つや3つは、用意周到に考えておかなければならないし、**面接中のやりとりから生まれた「新たな疑問」を質問に変えるくらいの機転を利かせてほしい**ものだ。

さらにそこに、応募者からの踏み込んだ〝意見〟が添えられていたなら、評価はググッと上がる。

そんな面接官のハートを撃《う》ち抜く**〝逆質問力〟の優れた人材**を発掘したいものである。

第7章

10のディメンションから人材を見極める

倫理観と評価基準で人材の真価を見抜く

評価項目となる10の「ディメンション（能力要件）」

評価項目となる10の「ディメンション（能力要件）」は、以下のとおりだ。

〈ディメンション1〉第一印象・インパクト

好感のもたれる第一印象と安心感・信頼感を与える知性とユーモアをもち、お客さまから「もう一度会いたい」「担当者になってほしい」と思われるような人間的魅力がある。

〈ディメンション2〉バイタリティ・行動力

働くことに喜びを感じ、ハードワークも厭わない活動量の豊富さを誇り、自らアクティブにマーケットを切り開く突破力をもつ。

〈ディメンション3〉モチベーション・自己動機づけ

ハイレベルな目標をつねに設定し、自己実現のため、エネルギッシュにチャレンジする資質を有している。そしてその具体的な成功体験をもっている。

〈ディメンション4〉主体性・イニシアティブ

周囲の意見や環境に影響を受けることなく、信念や意志に基づいて自発的に行動できる。対人折衝場面において、主導的な立場から明確な意思表示ができる。

〈ディメンション5〉ストレス耐性・持続性

大きな障害や試練に対し、肯定的かつ前向きに乗り越えようとする耐性が強い。達成困難な目標に向かって継続的な努力を惜しまないタフさがある。

〈ディメンション6〉学習能力・要点把握力

相手の意図や要点を正しく理解できる高い能力をもち、実践する観点から、知識を知恵に変えることができる。

〈ディメンション7〉プレゼン能力・説得力

伝えたい提案やアイデアなどを体系化し、自信のある態度や語彙力によって相手を納得させる口頭表現力をもっている。

〈ディメンション8〉感受性・協調性

相手が抱いている思いを正しく感じとることができ、それに対し真摯に寄り添おうとする姿勢、ホスピタリティをもち合わせている。環境や課題に臨機応変に対応できる。

〈ディメンション9〉責任感・ロイヤルティ

他罰的に責任を人に押しつけたりすることなく、当事者意識をもって職責を果たすことができる。組織・チームへ貢献する意識が高く、帰属意識も強い。

〈ディメンション10〉インティグリティ・倫理観

適正な社会通念と倫理観をもち合わせており、誠実・公平・率直な姿勢で、コンプライアンスはもちろんのこと、健全な職務遂行に努めている。

では次頁より、ディメンションごとの「質問」を公開するが、それは形式上、分けているだけであり、あくまで全体の質問のなかから各能力を評価していく。その際、共通の「セレクション・シート」に面接官全員が回答をメモし、判定会議ですり合わせる。

〈ディメンション1〉第一印象・インパクト

【質問1】

「それでは、はじめに自己紹介をお願いします。3分から5分以内にまとめていただき、○○さんがどんな方なのか？　私たちにもわかりやすいように、お伝えいただけますでしょうか？
職務経歴書に書いてある以外のパーソナルな点についてもお願いします」

【チェックポイント】

1 □……マナー、挨拶、言葉遣い、態度、しぐさ

2□……身だしなみ、髪型、服装、化粧、清潔感

3□……表情の豊かさ、笑顔

4□……同僚として一緒に働きたいか

5□……顧客の立場だったら担当者になってほしいか

6□……ユーモアのセンスはあったか

7□……リラックスした空気をつくれていたか

8□……知性は感じられたか

9□……信頼できる人間的な魅力があるか

10□……立ち振る舞いが堂々としているか

古典的ではあるものの、「人を見る目」の観点から、もっとも客観的に判断できる方法の一つが「自己紹介」であろう。

ただ私自身が面接官として、かれこれ数千名という多くの応募者とセレクションを繰り返しきて残念に思うことは、「自己紹介」のレベルの低さだ。下手すぎて退屈なあまり、

あくびを噛み殺すことも少なくない。

痛い応募者がやってしまう失敗の代表例は、「履歴書の説明」や「職務経歴書の朗読」を隅から隅までひたすら続けることである。そんなとき私は、「いやいや、ちょっと待ってほしい」とつくづく思う。その程度の自己紹介で、人間的な魅力が伝わるわけがないのだから。

すでに職務経歴書に書いてあるようなことを、だらだらと説明されても、「だから何？」と言いたくなる。そんなこと、読めばわかるし、それは**「経歴紹介」であって「自己紹介」とはいえない。**

なにか大事なことを忘れているようだ。**「自己開示」の重要性**を、である。私はそもそもその応募者がいったい〝何者〟なのか、それを知りたいのだ。

しかし経歴を説明しただけでは、魅力どころか、むしろ、なんのいい印象も残らない。限りなくインパクトもゼロに近い。「人間力なし」という評価でしかないし、次のステップへと進める可能性も低くなる。

「人を見る」ときに知りたいのは、その人のバリューやアイデンティティ、パーソナリティやキャラクター、何を目的に働いてきたのかなどである。

逆にいえば、面接官としては、どれだけ〝心〟を開かせるか。相手との距離を縮めるような**〝裏プロフィール〟をどれだけさらけ出させるか**だ。どんな応募者の人生にも、ドラマチックな物語があるはず。そんな個性あふれる「マイストーリー」を、ツッコミを入れてでも開示してもらうのである。

短くまとめたキャッチフレーズにはじまり、少年少女時代の夢、家族への思いや愛あふれるエピソード、情熱を注いできたスポーツ、ユニークな趣味や特技、崇高な理念やビジョン、揺るぎないミッションや信条、人生を変えた座右《ざゆう》の銘《めい》、「なぜ、この仕事を続けてきたのか」などだ。もし**自己紹介のなかで得られなければ、質問力を発揮しながら、心を開いてもらう**しかないだろう。

いい歳をした大人が、面接でガチガチに緊張している場合ではない。それではまるで、「私は自分に自信がありません」と、宣言しているようなものではないか。未熟さを完全に露呈している。まったくもって情けないし、頼りない。自信のない応募者は、実力以上に自分をよく見せようとするから、アガるのである。

とはいえ、いかにもこの〝舞台〟は、人生を変えるかもしれない一世一代の転職面接だ。多少の緊張は無理もないし、顔がこわばるのもやむを得ない。しかし、あまりにも緊張しすぎる姿は、面接官（観客）をシラけさせるだけだろう。

というか、緊張したやりとりのなかで、心の通わないコミュニケーションを続けるという、薄っぺらなセレモニーを展開したところで、お互いに無意味な時間の浪費である。

このままでは発展的な関係性は構築できない。いわゆるこれは、面接に限らず、すべての人間関係にも言えることなのだが……。

よって、**面白くない応募者は落とすに限る**。マイナスの印象もないがプラスの印象もない〝普通の子〟が、同じようなリクルートスーツに身を包み、鉄仮面のように無表情で口をパクパクさせているようでは、「合格点」を与えてはいけない。

能力が同じであるなら、いや、多少能力が劣《おと》っていたとしても、人間味あふれる人材を採用したい。未来はもはや、たいていの業務はＡＩがとって代わるようになるだろうといわれている。残された業務は、感情豊かな〝人間にしかできない〟仕事だけである。

そもそも相手をしている面接官（私）だって、ひとりの人間だ。コミュニケーションの時間を楽しみたい。そして、喜怒哀楽のはっきりした「感情豊かな人間」とともに働きたいと思うのが摂理である。

「喜怒哀楽」を思いきり表現することは、サービス精神の表れだ。最大限のリアクションをとり、ヒューマンパフォーマンスを発揮してもらわなければならない。

悲しい過去を語る場面は目に涙を浮かべたり、このひとときを心の底から楽しんでいるかのように、顔をくしゃくしゃにして笑ってくれる、そんな**〝人間らしい人間〟を選びたい**ではないか。

〈ディメンション2〉バイタリティ・行動力

【質問1】

「現職の退職予定は決まっていますか？」


【質問2】

「退職を考えはじめたのはいつ頃ですか？　なぜ辞めたいと思われたのですか？」


【質問3】

「次の仕事を決める前に前職を退職してしまったのはなぜですか？」


【質問4】

「離職期間中には何をされていたのですか？」

【質問5】

「現在内定をもらっている会社はありますか？　それは何社ですか？」

【質問6】

「正直なところ、第一志望の会社はどちらですか？」

【質問7】

「もし弊社とのご縁がなかったら、現職に留まる可能性はありますか？」

【質問8】

「前職または現在の勤務先において、〇〇さんが会社全体のなかでどのようなポジションにいるのか？　組織構成をご説明いただけますか？」

（細かな組織図が描けるまで踏み込んで質問していく）

【質問9】

「朝起きてから夜寝るまでの具体的な活動内容を教えていただけますか？（1時間単位で）仕事が終わってからや休日は何をされていますか？」

【質問10】

「新規開拓の経験はありますか？　また、その成果は？」

【質問11】

「既存のマーケットを広げるために行ってきた、具体的な取り組みがあれば教えてください」

【質問12】

「仕事の生産性を上げるために工夫していたことがありますか？」

【チェックポイント】

1□……退職理由が納得のいくものであるか
2□……活動量は豊富か
3□……ハードワークを楽しんでいるか
4□……新規マーケット開拓に積極的か
5□……仕事は好きか

〈ディメンション3〉モチベーション・自己動機づけ

【質問1】

「もっとも営業成績（業績評価）が高かったのは入社何年目ですか？」


【質問2】

「その年の支店内（全社）のランキングは第何位でしたか？

そのときの目標達成率は？」

（全社平均の達成率も併せて）


【質問3】

「成功の要因は何だと思いますか？」

（具体的に取り組んだことなど）


【質問4】

「もっとも営業成績（業績評価）が低かったのは入社何年目ですか？」


【質問5】

「その年の支店内（全社）のランキングは第何位でしたか？

そのときの目標達成率は？」

（全社平均の達成率も併せて）


【質問6】

「うまくいかなかった要因は何だと思いますか？」


【質問7】

「具体的に改善したことがあれば教えてください」


【質問8】

「ライバルの△△さんや下位の人よりも、〇〇さんが優れている点は何だと思いますか？」

【質問9】

「ライバルの△△さんや上位の人と比較して、〇〇さん自身が課題だと思うことは何ですか?」

【質問10】

「入社以来、もっとも自慢できる功績や成果といえば何ですか?」

【質問11】

「成功した要因は何だと思いますか?」

【チェックポイント】

1□……目標達成志向型であるか
2□……高い営業実績を自らの実力で出し続けてきたか
3□……コンテストやキャンペーンなどで燃えるタイプか
4□……具体的な成功体験があるか
5□……貪欲な上昇志向があるか

〈ディメンション4〉主体性・イニシアティブ

【質問1】
「○○さんがもっともやる気になったときはどんな場面ですか？」

【質問2】
「それはなぜですか？
その結果はどうでしたか？」

【質問3】
「独自の目標を何か設定していましたか？
なぜその目標設定したのですか？」

【質問4】

「達成のために何か工夫をしましたか？

その結果はどうでしたか？」


【質問5】

「独立起業を考えたことがありますか？」


【質問6】

「あなたの夢は何ですか？」


【質問7】

「人を説得するとき、またはクロージングのときに、大切だと思うポイントを3つ挙げてください」


【質問8】

「その説得力を発揮して成功した事例を具体的に教えてください」


【質問9】

「周囲の反対を押し切って、自分の意見や信念を貫き通した経験はありますか？」

【質問10】

「そのとき、具体的にどのような行動を起こし、その結果はどうでしたか？」

【質問11】

「人生のなかで、リーダーとしての成功体験はありますか？」

【チェックポイント】

1□……自らの意志によって行動しているか
2□……リーダーシップはあるか
3□……周囲に惑《まど》わされることなく、あるがままに行動してきたか
4□……自信家であるか
5□……自発的に仕事を探し、取り組んでいるか
6□……こだわりをもって働いているか
7□……押しの強いタイプか
8□……周囲を巻き込む影響力があるか

〈ディメンション５〉
ストレス耐性・持続性

【質問１】

「いままでスランプに陥ったことはありますか？」


【質問２】

「そのとき○○さんはどのようにして乗り切りましたか？」


【質問３】

「働いてストレスを感じることはありますか？」


【質問４】

「ストレス解消法は何ですか？」

【質問5】

「お客さまのクレーム対応で印象に残っている事例はありますか？
また、どのように解決されましたか？」

【質問6】

「人間関係の悩みを乗り越えた経験があれば教えてください」

【質問7】

「学生の頃から長く続けている競技や趣味はありますか？」

【チェックポイント】

1□……問題解決に真正面から取り組もうとするタフさがあるか
2□……激務に耐える精神力をもっているか
3□……嫌なことを受け入れる心の容量は大きいか
4□……気持ちの切り替えは早いか
5□……障害に立ち向かうポジティブさがあるか

6□……継続してコツコツと取り組む姿勢があるか
7□……逆境を乗り越えた経験をもっているか
8□……一つの会社に長年勤務した実績があるか

〈ディメンション6〉学習能力・要点把握力

【質問1】

「3回のキャリア・プログラム（入社前ガイダンス）を通じて、このセレクションに挑戦しようと決意した動機は何でしたか？」

【質問2】

「キャリア・プログラム1・2・3のなかで、あなたがもっとも興味を引かれたステップは何回目でしたか？ また、それはなぜですか？」

【質問3】

「プログラム全体のなかで次に印象に残っていることは何ですか？」

【質問4】

「その他に印象に残っていることはありますか？」

【質問5】

「セールスサイクルのなかで、〇〇さんがとくに大切だと思うステップに優先順位をつけ、3つ挙げるとすれば何ですか？

それはなぜですか？」

【質問6】

「お客さまから信頼されるための条件を3つ挙げるとしたら何ですか？」

【チェックポイント】

1□……キャリア・プログラムの内容を理解しているか

2□……質問の意図を正しく把握して的確に答えていたか

3□……頭の回転は速いか

4□……理路整然とコミュニケーションが取れていたか

5□……論理的な判断力はあるか

6□……優先順位を考えて行動するタイプか

7□……知識は豊富か

8□……生命保険（使命感、仕事の本質、職務内容、商品など）の重要性に共感しているか

〈ディメンション7〉
プレゼン能力・説得力

【質問1】

「いつも○○さんが販売している商品を私に売り込んでいただけますか？（ロープレ形式）」

【質問2】

「○○さんが好きなもの、没頭している趣味、推しの芸能人など、その魅力を私に伝えてもらえますか？（ロープレ形式）」

【質問3】

「あなたの目の前にあるミネラルウォーターを1本1万円で私に売り込んでもらえますか？（ロープレ形式）」

【チェックポイント】

1□……声の抑揚《よくよう》や大きさは聞き取りやすいか
2□……話に引き込まれたか
3□……話のリズムはよいか
4□……伝えたいことは理解できたか
5□……話が長すぎず、まとまっていたか
6□……具体的な事例(たとえ話)を話せていたか
7□……情熱が伝わってきたか
8□……話のディティールに興味関心をもてたか
9□……ストーリーに起承転結はあったか
10□……納得できるロジックであったか

〈ディメンション８〉
感受性・協調性

【質問１】

「初対面の人と会話をするときに、心がけていることを簡潔に３つ答えてください」

【質問２】

「たとえば、私が○○さんの同僚（上司、部下、お客さま、配偶者、パートナー、親友、父母を設定し、それぞれ個別に聞く）のところへ行って、『○○さんはどんな人ですか？』と聞いたら、どんな人だと答えると思いますか？」

【質問３】

「いままでの人生で、もっとも嬉しかったことや感動したことは何ですか？」

【質問4】

「では逆に、もっとも悔しいと思ったことは何ですか？」

【質問5】

「もしあなたが保険営業（新しい仕事）をはじめると伝えたら、周囲の方々はどんな反応をして、何と言うと思いますか？」

【質問6】

「転職へのネガティブな反応に対して、心理的な抵抗はないですか？強硬に反対された場合、何と言って説得しますか？」

【質問7】

「あなたの知人友人に生命保険の重要性や必要性（新しい仕事の魅力、使命感）を伝えたいと思いますか？」

【チェックポイント】

1□……生命保険営業の難しさを理解したうえで、メンタルブロックを克服《こくふく》しているか

2□……他人から自分自身がどう見られているのか、つねに意識しているか

3□……周囲の人たちに対し、繊細な目配り、気配り、心配りができているか

4□……面接官と感動的な心の交流が交わされていたか

5□……うなずく、相槌を打つなどのリアクションはとれていたか

6□……自己主張を控えて、周囲の人たちに合わせる柔軟性があるか

7□……素直でトレーナブルな性格か

8□……人の意見を肯定的に受け入れ、改善する姿勢はあるか

9□……他人との意思疎通をスムーズに行い、良好な人間関係を築いてきたか

10□……セレクション全体を通じて、心地よい空気をつくり出せていたか

〈ディメンション９〉責任感・ロイヤルティ

【質問１】
「前職の組織のなかで、〇〇さんが満足していた点を３つ挙げてください」

【質問２】
「前職の組織のなかで、〇〇さんが不満に思っていた点を３つ挙げてください」

【質問３】
「尊敬している上司はいましたか？　それはなぜですか？」

【質問４】
「組織において最低限守るべき大切な規律があるとすれば、それは何だと思いますか？

3つ挙げてください」

【質問5】

「合格した場合、○月1日入社は問題ありませんか？
現職の退職について障害はありませんか？」

【チェックポイント】

1□……当事者意識をもって働いているか
2□……自分に与えられた任務を果たそうとする強い意志をもっているか
3□……有言実行で約束を守ってきたか
4□……どんな結果に対しても真摯《しんし》に受け入れているか
5□……上司への忠誠心はあるか
6□……会社が好きか、部署の仲間が好きか
7□……ときには理不尽な命令も受け入れてきたか
8□……前職（現職）の商品やサービスに愛着をもっているか

〈ディメンション10〉インテグリティ・倫理観

インテグリティ・倫理観については、全体のすべての質問のなかから、チェックポイントを総合的に判断していく。

【チェックポイント】

1□……社会に貢献してきた経験があるか
2□……正義感は強いか
3□……他人に対して誠実・公平か
4□……正しい倫理観をもっているか

5□……理性的か
6□……正直であるか
7□……家族愛は深いか
8□……健全な組織で働いてきたか

以上、トータルの時間はたっぷり90～120分かけ、セレクションにチャレンジした応募者から「なんという厳しい面接だったんだろう」「ああ、これはもう落とされたに決まってる」という感想が出るような面接内容であることが望ましい。

こうして厳選された結果が「不合格」ならば納得感もあるし、もし「合格」であったならば、その重みや喜びは格別だ。入社意思は揺らぎにくいだろう。

インテグリティ・パワーで「人を見る目」を開眼する

面接官自身も「人を見る目」を磨きながら生きていかなければ、よいご縁は得られない。

つまり、**日々薄っぺらな人間関係だけでお茶を濁していると「見る目が曇る」**というわけだ。正しく相手が〝見えていない〟と、何をやってもうまくいかない。どれだけ「つき合う人を選ばなければ……」と、自分にいい聞かせたところで、道は開けないのだ。

自分自身を映し出す鏡＝人脈が〝未成熟〟であるのなら、それは**「人を見る目」のない自らが引き寄せてしまった**という現実を受け入れてみる必要がある。

応募者のインテグリティを正しく評価する資格が、あなたにはあるだろうか。その資格を得るためには、自らのインテグリティを磨き続けること。それしか道はない。

ではここで、深層心理のメカニズムを考察してみよう。

まずは、**ビジネスパーソンとしての“能力”レベルと、人間としての“高潔”レベルとは、まったく「別次元」**であると理解してほしい。

「高潔さ（インテグリティ）」とは、綺麗ごとでとり繕った誠実さなどではない。

インテグリティを定義するならば、こうなる。

『目先の私利私欲に心を動かされることなく、一貫して厳格な態度で自己を律することができる、公平で健全で清廉潔白《せいれんけっぱく》な美しい倫理観のこと』。

良好な人間関係に恵まれないビジネスパーソンというのは、「インテグリティ」を磨くという、本来なら最優先すべき努力を怠っている。

「人を見る目」をコントロールできないのは、インテグリティの欠如した無秩序な「悪魔の心」が罪悪感をつくり出しているからだ。不穏な人間関係の根っこを蝕《むしば》んでいるのは、**「自分は価値の低い、悪徳な人間である」という“後ろめたさ”**である。

俯瞰してみればそこには、短絡的な行動や目先の利益に走っている自分の姿が見えてくるはずだ。

インティグリティを土台にした生き方に改心できたとき、「悪魔の心」は消えていく。高潔に生き「自尊心」を養うことができれば、本来の自分にとって大切な人々とだけ交流できるよう、「人を見る目」が培われていくのである。

たとえば、嘘をつかない、時間を守る、挨拶をする、人を裏切らない、親孝行する、早起きする、掃除する、募金する、席を譲るなど、**誰にでも「正しい倫理観」というものがある**はずだ。

「人を見る目」を養いたいのなら、日常の些細なことからその正しい倫理観を育み、自らの「インティグリティ・パワー」に磨きをかけることに尽きる。

「人を見抜く力」を覚醒させろ——見る目を曇らせる4つのダーティ行為

「人を見抜く力」を育てるには、良心に反する日常生活の悪い行いを、いますぐに断捨離することである。

その行いをまとめ、私はわかりやすく「**ダーティ行為**」と名づけた。

〈ダーティ行為1〉自分がされたら嫌なことをするダーティ行為

相手を無視して挨拶もしない。気の弱い後輩をイジめる。仲間外れにする。お金を借りても返さない。辛辣《しんらつ》な嫌味や皮肉をいって人を傷つけたり、陰口をいいふらす。会社の文句ばかりいって士気を下げる。トラブルのもとをつくってチーム内をかき回す。仲間を裏切って上司へ誹謗中傷《ひぼうちゅうしょう》の密告をする。

〈ダーティ行為2〉見て見ぬふりをするダーティ行為

お年寄りに席を譲らず寝たふりをする。イジメに遭う同僚を見ても無関心を装う。友人の交通違反を容認する。つり銭が多くても知らん顔をして返さない。不正の隠ぺいを知りながら虚偽の報告をする。整理整頓せず散らかす。道に迷っている人を無視して助けない。オフィスで鳴り響く電話に出ようとしない。

〈ダーティ行為3〉意図的なダーティ行為

置き傘を盗んで持ち去る。店員さんに怒鳴り散らす。遅刻して人を待たせる。デメリットを隠しお客さまに嘘をつく。会社の備品をもって帰る。人を待たずにエレベーターの閉めるボタンを押す。ゴルフのスコアをごまかす。親不孝をする。交際費を不正に精算する。人を押しのけて電車に乗る。ズル休みする。

〈ダーティ行為4〉道徳的価値観に反するダーティ行為

税金の支払いをごまかす。ゴミやタバコをポイ捨てする。列に並ばず横入りする。悪酔いし迷惑をかける。公衆の場で大声で電話する。公共施設を汚す。散歩中にペットが汚した糞を片づけない。運賃を不正にごまかす。電車で足を組むなどの迷惑行為をなんとも思わない。社会的弱者への思いやりがない。

以上のような、せこいダーティ行為をやめない限り、「人を見る目」は磨かれない。誰も見ていないかもしれないが、**自分自身の「良心」はその行為を見ている。**誰だって、悪いヤツは嫌いなはずだ。だからこそ、**「好きになれる自分」になること。**そうすれば「人を見抜く力」が蓄えられ、人間関係もうまくいく。すぐにお試しあれ。

自分を守れ！――「ダーティ行為」を徹底的に排除する

「人を見る目」を磨き上げるために、もう一つ、大事なことをつけ加えておく。
「ダーティ行為」のなかでも見すごされやすいのは、**自分自身に対する「ダーティ行為」**だ。これは、とくに注意が必要である。

たとえば、次のような**「我慢」**は大敵だ。

❶**「周囲に気を遣って自己主張できず、迷惑なことでも拒否できない」**
――人が好《よ》すぎるのも困ったものだ。

❷**「パワハラ・セクハラ・モラハラ・カスハラにも抵抗せず、ひたすら我慢する」**

——堂々と闘うか、それとも、いますぐに立ち去るべきだ。

❸「嫌な人の誘いを断りきれずにつき合わされ、貴重な時間を失っていく」

——自分の大切な時間を優先すべきである。

❹「DVに耐えに耐えて離婚せず、好きでもないパートナーと暮らしている」

——これではとても他人との人間関係を整える余裕などないだろう。

❺「体調不良や体に痛みがあっても、多忙を理由に病院へ行かない」

——そのまま放っておけば、当然、悪化のリスクが大きくなる。

❻「家庭を犠牲にした残業や接待で、ストイックに働く」

——それでは、真の幸せはつかめない。

さらにたとえるなら、次のような「怠惰《たいだ》や享楽《きょうらく》」も大敵である。

❼「深夜に及ぶ過剰な飲酒や不健康な暴飲暴食によって肥満体となる」

——健康を損《そこ》なうことはいうまでもない。

❽「生活水準をはるかに超えた散財やギャンブルのために借金までする」
――経済的に追い込まれ、人間関係にも余裕がなくなる。

❾「タバコをやめたくてもやめられないほどのヘビースモーカーとなる」
――社会的な評価は下がり、病気へのリスクを負う。

❿「不適切な交友関係により、トラブルが絶えない」
――生活リズムが乱れ、生産性が下がる。


以上、これらの行為はすべて、自分のためになっていない。まさに、**自分が自分に対して行っている「ダーティ行為」**だ。

「我慢」は美徳ではなく、人生への冒とくであり、「怠惰や享楽」は最大の背徳《はいとく》なのだ。

自分を大切に扱えない人が、よりよい人間関係の構築など、できるわけがない。

他人を大切に。

そしてそれと同じくらい、自分を大切に生きることである。

第8章

転職マリッジブルー撃退法

「いま」を劇的に変える方程式

先延ばし病の背中を押してあげる

採用する側から見て不思議に思うのは、「転職する」と固く決意をし、時間と労力をかけて「内定」を勝ち取ったにもかかわらず、なかなかその次のステップ（＝現在の職場を辞めるアクション）へと踏み切れない「優柔不断」な人が多いことだ。

内定直前のセレクションまではあれほど「退職を決めた」「新たなチャレンジをしたい」と声高らかに宣言していたのに、いざとなると一転して「まだもう少し、現職でやり残したことがある」とかなんとかカッコいい台詞を語り出す。「あと半年がんばってから」とか、「あと一年は会社へ貢献して」といった〝**時間稼ぎ**〟である。

しかし私から見るとそれはただ単に、**決断を先延ばしにしたいがための言い逃れ**にすぎないのではないか、そう思えるほどの〝遅疑逡巡《ちぎしゅんじゅん》〟である。

その期限には、確固たる根拠があるのか、いったい本当に転職したいのか（転職したくないのか）、という疑念とモヤモヤが晴れない。

すでに〝機は熟して〟いる。「未来を変えたい！」と〝本能〟が叫んでいるのだから、その警告を無視してはいけないのだ。本来であれば、転職を思い立ったが吉日であり、〝天命〟が降りてきたら即行動しなければ幸せはつかめない。まさにいまが「そのとき」なのである。このチャンスに一歩踏み出せなかったら、いったいいつ踏み出すのか。**このままでは一生涯、〝無期懲役《ちょうえき》〟ではないか。**

そんな迷える内定者の背中を押してあげるのもまた、私たちスカウトマンの役割なのである。

よって、どんなことがあっても、先延ばし病患者の言い逃れを容認してはならない。断固として、である。

決断できない人の不幸とは？

人生最大の決断ともいえるのが転職であるとすれば、その幸不幸を左右するかもしれない選択において、どのように「人を見る目」を研ぎ澄ましたらよいのか。

転職する立場から考察してみよう。

「人生のステージを上げたい」と、意をけっして転職を試みようとするとき、えてして〝邪魔が入る〟と覚悟しておいたほうがいいだろう。そのお邪魔虫は、いかにも親切そうに「やめておいたほうがいいよ」とアドバイスしてくれる。もちろん、何の悪気もなく、懇々《こんこん》と転職のリスクを語ってくれるのである。

しかし彼らの多くは、**現状維持へ引き戻そうと足を引っ張る「不幸のアドバイザー」であるから**、くれぐれも気をつけなければならない。

「不幸のアドバイザー」は、人生のいたるところに出没する。

たとえば、ある友人が禁煙を思い立ったとしよう。すると「どうせ続かないんだから止めておけよ」「余計にストレスがたまって太るぞ」「オレたち仲間を裏切るのか」と、懸命に引き留めてくれる。

だがもし、禁煙に成功したとしたら、人生は確実に変わる。まずは、健康が手に入る。歯の黄ばみや口臭を防げる。喫煙場所を探してウロウロする無駄な時間を浪費せずに済む。値上がりが続くタバコ代も節約できる。何より嫌煙家から白い目で見られ、肩身の狭い思いをしなくて済む。

転職という人生のターニングポイントにおいては、なおさらだ。**現状維持中毒はニコチン中毒よりも質《たち》が悪い。**だから断固として、〝卒業〟を邪魔する「不幸のアドバイザー」の言葉に耳を傾《かたむ》けないこと。彼らの横やりに関わっている限り、成功や幸福は遠ざかるばかりだ。キャリアアップなど夢のまた夢である。

そのなかでも**絶対に相談してはいけない「不幸のアドバイザー」の筆頭は〝両親〟**だ。子どもが進みたいと願ういばらの道に対し、つねに反対するのが親の役目。それは幼少の頃から「危ないわよ」「ここでおとなしくしてなさい」「やめておきなさい」と、可愛いからこその過保護である。

親の願いは、子どもの成功ではない。困難にチャレンジした先に得られる子どもの成長でもない。ただ、温室でヌクヌクと育ってほしいだけだ。それが「親の愛」なのである。またそれは、ある種の〝やきもち〟でもある。そう、独り立ちが寂しいのだ。歳を重ねて社会人になっても子どものまま「親の反対を受け入れてくれること」、それが親の切なる願いなのだから、いちいち親の意見を聞いていたら、転職はもちろんのこと、結婚だって投資だって引越しだって、何も動けやしない。

だからどうか、**両親へは、100%事後報告にすること。**というか、いい歳をして親の反対に遭ってまごまごしているようでは、この先が思いやられるというものである。

しかし、家族の反対で「転職を断念」する、そんな〝成功予備軍〟が多いことは、周知の事実だ。やはりどうしても、家族は安定を望む。

家族にとっては、当人が現職でどれだけ苦労しているか、または、どれだけ前向きな気持ちで次のステージへ向かおうとしているかなど、知る由もない。実情なんて何もわかっていないのに、いまの職場を逃げ出したいだけなのではと、堪《こら》え性《しょう》のなさを疑う。この先いざ転職をしたのはいいものの、またその会社も辞めて、職場を転々とするはめになってしまうのではないかと、不安と心配ばかりが先に立つのだ。

家族の〝過保護な愛情〟もわからないではないが、「不幸のアドバイザー」にチャンスが阻まれてしまうなんて、この先の人生、浮かばれないのではないだろうか。

「不幸のアドバイザー」の魔の手から候補者の身を守ってあげるのも、これまた、スカウトマンの役目だ。

魔の手から遮断するか、もしそれができなければ、懐柔《かいじゅう》するしかない。

ファミリーの期待を背負う熱いセッションを実行せよ

そこで、私たちスカウトマンが必ず行っているのが「ファミリー・セッション」だ。転職先が心配だというなら、家族の「その目」で職場を見てもらったらいいだろう。

奥さまやご主人、お子さまやご両親、はたまた婚約者を、オフィスへ招待するのである。

そう、いわゆるベタな職場参観日だ。

そこまでする一般企業は少ないと思うが、私の組織では長らくそのセッションをマストで実施してきた。かつては、営業所長として、支社長として、また、営業本部からも全国の支社へ「ファミリー・セッション」の実施を徹底するよう指導してきたほどである。

内定者が面接前に受けたものと同じ内容のレクチャーを体験してもらえれば、家族の理解も深まるのではないだろうか。丁寧に、理念やビジョンをはじめ、家族愛や人間愛についても熱く語ることができれば、家族の心も必ず動く。

何よりも、上司になる者と面会することができれば、家族も安心する。

家族だって「人を見る目」をもっているのだ。

ついさっきまで反対していた家族が、翻《ひるがえ》って転職先企業の大ファンになり、応援団となってしまうこともあるのだから、「ファミリー・セッション」の効果は絶大だ。

たとえば、奥さまの場合。〝厳しい世界〟であることをあえて伝えたうえで、パートナーとともに歩む「夢の実現」が転職の目的であること、それを次のようなメッセージに乗せて伝えられたら最高だ。

「なぜ、ご主人は転職を選択されたのだと思いますか？　それはすべて、愛する家族のため。そのために勇気ある決断をしたのです」

この言葉に心を動かされ、涙する家族もいるだろう。実際に「そんな家族をたくさん見てきた」この私がいうのだから間違いない。

そして「ファミリー・セッション」のもっとも大きな効能とは、採用する側である私自身の**「責任感」が増す**ということ。

育成指導に手抜きはできないどころか、必ずや成功へ導いてあげなければならないという覚悟も固まる。

「私を信じてください」「○○さんの成功を全力でサポートします」と約束を交わす。

これは私自身への**プレッシャーでもあり、モチベーション**でもあった。

家族と直接ご対面してみれば、「この家族も含めてのリクルート」であると、大きな責任を背負うことになるのだ。

本人も含め、家族の期待を裏切ることは絶対にできない。

だからこそ、こちらも腹をくくれるのである。

家族を言い訳に安全地帯へ逃がさない

「なぜ、転職するのか」。

その問いに対し、「家族に豊かな暮らしをさせてあげたいから」という動機を挙げる人は少なくない。家族愛があふれて止まらない、じつに立派な人だ。愛するパートナーや子どもたちのために、あえて居心地のいい楽園＝コンフォートゾーンを脱出し、チャレンジャーの道を歩もうというのだから、そのきっぷのよさには、心から敬服する。

勇気ある第一歩を踏み出す彼らに、大きなエールを贈りたいといつも思う。

しかしときに、**〝いざ転職〟という段になって腰が引けてしまう、チキンハートな内定**

者がいる。

ともあれ、それは無理もない。やはり環境を一気に変えるのは怖いものだ。太古の昔から生物は、環境の変化に適応できず絶滅の危機に瀕《ひん》してきたＤＮＡを受け継いでいるのだろう。変化を恐れるのは本能の教示なのかもしれない。

百歩譲って、それは認めよう。チキンと揶揄《やゆ》したことは、頭を下げて謝罪してもいい。

だが一つだけ、私にはどうしても許せない「言い訳」がある。

「家族のために、身を引く」「家族のために、我慢して現職に留まる」「家族のために、やりたい仕事をあきらめる」という、**いかにも〝美談〟に仕立て上げられた自己欺瞞《ぎまん》**だ。

たしかに、転職したせいで愛する家族が不幸になるなんて、あまりにも本末転倒な悲劇だ。「家族のために冒険を回避し、安全策で生きていく」という選択肢もあるにはある。

とはいえ、どうも解せない。**本当に「家族のためなのか」という疑念が消えない**のである。もしや本音は、ただ自分が「ビビっているだけ」なのではないのか。臆病者が、その言い訳として、家族をダシに使っているのではないのか。

だとすれば、卑怯《ひきょう》すぎる。**家庭をスケープゴートにして、安全地帯へ逃げ出すなど、言語道断。**

そういう人に限って、いつの日か、転職しなかった〝悔恨《かいこん》の念〟に駆《か》られたとき、きっとこう愚痴るのだ。「オレの人生、家族のせいで犠牲になった」と。いやはやなんとも、たまげた責任転嫁である。

仮にいま、本当に家族が不安を感じているとしたら、それは、**当の本人が不安を感じているからに他ならない**。情けないことに、腰抜けの「ビビリ」が伝染しているだけなのだ。

私たちスカウトマンが最後の最後で見誤ってしまうのが〝ここ〟である。当の本人が内心ひよっていることを見抜けるかどうか。ここが正念場だ。

「転職への第一歩」を**踏み出す勇気こそが、〝家族愛の実践〟**なのだから、未来は〝いまここ〟にあることを伝え、〝恐怖〟と正対させなければならない。

もう一歩踏み込んで背水《はいすい》の陣《じん》を敷かせ、腹をくらせることである。

第9章

内定辞退防止のための9ステップ

確実にゴールへと導く採用プロセス

〈ステップ1〉入社までの「行動目標」を設定する

内定者と真っ先に取り組んでほしいことがある。それは、**退職日までの目標設定と行動計画**だ。

内定通知に「○月○日付入社にて内定」と記載されているとすれば、原則として入社月を先に延ばすことはできない、というその認識合わせからはじまる。

ところがどっこい、現職の〝卒業試験〟は、思っているほど、たやすくない。

だからといって、入社日を先に延ばす要望を聞き入れてはいけない。一度は入社日という「目標月日」を設定し、そのうえで内定を得ておきながら、「やっぱり、期日までに辞められません」という申し出をけっして受け入れてはいけない。つねに期限に迫られたビジネスの世界で生きる者として、それは情けない話だ。

入社前から目標〝未達成〟では、先が思いやられる。

私だったら、そんな内定者は、その時点でお断りである。入社日を先に延ばすぐらいなら、即「内定取り消し」の手続きへと進めていく。グダグダした優柔不断なボクちゃんと関わり合うだけ時間の無駄というもの。

私は内定者に対し、次のように伝えることにしている。

「あなたがはじめに取り組むミッションとは、残務を整理して、一日も早くいまの会社を退職すること。長い時間をかけて目的を達成することは誰にでもできる。**仕事のできる人であればあるほど、短い期間でその目標をやり遂げる。**普通の人が3か月かかる仕事を1か月で仕上げる戦術と実行力をもっている優秀な人と、私は共に働きたい」と。

気の迷いをふっきるためにも、**退職日（ゴール）から逆算した計画を立てる**べきだ。業務の引き継ぎなどを考慮したうえ、最短期間で目標を完遂しなければならない。

そういえば以前、私が支社長を務めていたとき、こんな内定者がいた。

「10月入社予定を翌年の1月に延ばしてほしい」と頭を下げてきたのである。

理由は以下のとおり。

「12月まで現職に在籍すると、10年勤続により退職金が倍になるし、年末のボーナスももらえるから」であった。

事情は痛いほどよくわかった。数百万円の違いは大きいだろう。しかし、私は告げた。

「だったらあなたはいらない。別の会社に行ってくれ」と。

その結果、彼はどうしたのか。

悩みに悩んだとは思うが……、期待どおり、いさぎよく目先の数百万円を捨て去って、私のもとに飛び込んできたのだ。

彼はその後、生命保険営業のステータスである**「MDRT」の終身会員にまで上りつめ、いまもなお大活躍している。人生の総獲得収入が何十倍に増えた**ことはいうまでもない。

入社までのプロセスの最終ゴールは、内定ではない。むしろ、その内定の段階から「本当のリクルート」がスタートするのである。

〈ステップ2〉即刻、具体的な「アクション」へ

「内定＝入社決定」では、けっしてない。油断大敵だ。**内定者が裏切ることはままある。**一度決めたはずの覚悟も、ブレないはずの信念も、惚れ抜いたはずの一途な思いも……、いざとなるとすべて、よれよれによれる。スカウトマンの「人を見る目」が自信喪失する瞬間でもあるだろう。

とはいえ、無理もない。優秀な人材であればあるほど、現職の上司や同僚から猛烈な「引き留め」に遭う。さらには、家族や友人からも「転職反対」のシュプレヒコールが沸き上がる。そうとなれば、**情にもろい内定者の決断が、日々ゆらゆらと揺れ動くことになるのは必然**なのだ。そして**その葛藤は入社をするその日がやってくるまで、ずっと続いていく。**

後ろ髪は引かれっぱなしだ。現状維持症候群というサイドブレーキ、マリッジブルーという迷宮、過去のしがらみという呪縛、それらは内定者が思っている以上に、厄介《やっかい》で七面倒くさいもの。よって、内定が出たら共に退職対策を練り、動き出さなければならない。

まずは〝キックオフ〟だ。**何月何日の何時に、どこで、誰に、退職願を手渡し、辞意の表明をするのか**、それをはっきりと決めさせてほしい。

退職を申し出る相手も、内定者の所属する組織のルールによって違うはず。

それは、直属の上司なのか、人事部長なのか、社長なのか。複数名が相手なのか。交渉するターゲットを明確にするところから、退職への「第一歩」がはじまる。

内定者にとっては、はじめての転職か、多くてもせいぜい2度目か3度目だろう。よって彼らは退職のアクションに慣れていない「初心者」なのだ。

にもかかわらず、退職の申し出を甘く見た内定者の「大丈夫ですから……」という〝自己流〟任せにしておくと痛い目に遭う。**本人が想像している以上に、過酷《かこく》でストレスフルなネゴシエーション。**だからこそ、前後不覚な行動によって迷走することのなきよう、退職までの道筋を整える〝用意周到さ〟が必須なのである。

〈ステップ3〉相談ではなく「意思決定」を上司へ

くどいようだが、念には念を入れ、釘《くぎ》を刺しておく。

いくら普段の仕事ぶりは計画的かつ行動的なビジネスパーソンであっても、いざ退職を申し出るとなると、「上司の機嫌がよさそうなときに」「取り組んでいるプロジェクトが落ち着いたら」「繁忙《はんぼう》期がすぎる翌月以降にでも」などのもっともらしい〝口実〟によって、グズグズと先延ばしにされてしまう。大縄跳びが苦手な勇気が足りない子どものように、退職を申し出るタイミングを逸《いっ》してしまうのだ。

このグズグズパターンは、厄介である。内定が出てから退職を申し出るまでの時間が経《た》てば経つほど、内定者の**弱い心に棲《す》みつく別人格の〝背後霊〟が「転職はやめておけ」**

「怖いぞ、怖いぞ」とささやき出す。そして、その声は日に日に大きくなっていくのだ。

さすれば当然、内定者は混乱する。もうどうしていいかわからなくなる。迷って迷って、やがて転職パワーの充電を使い果たし、目の前の「石橋を渡る」ことさえできなくなるのだ。

だからけっして、行き当たりばったりのなりゆきに任せたり、冗談交じりにジャブを打ち様子を見る、という中途半端な申し出を容認しないでほしい。

では、具体的にどのような〝設定〟で退職願を叩きつけるのか。

事前に準備したシナリオの切り出しの一文を丸暗記してもらい、一緒に繰り返し練習しておくことをお勧めする。

なぜなら、申し出る場面においては、上司のほうが一枚も二枚も上手だからだ。その内定者にとってははじめてのことかもしれないが、上司の立場からすれば、過去に何度も経験してきた修羅場《しゅらば》だ。敵は、交渉術を熟知した百戦錬磨《ひゃくせんれんま》の「タフネゴシエーター」だと思ったほうがいい。

そんな熟練のプロと超初心者の対決。下手にぶつかれば玉砕するのは目に見えているだろう。結局、会社側に慰留《いりゅう》され、退職の申し出はうやむやに葬《ほうむ》られてしまいかねない。

だから絶対に、**入念な準備を怠ってはならない。**

上司へのアプローチは、「じつは折り入って話がありまして、本日、30分だけ時間をいただけますか？」と強い口調で申し出させること。

そしてその際には、**会議室や応接室など、話に集中できる場所を設定**させ、間違っても居酒屋などで酒を飲みながら話してはいけない、とくれぐれも釘を刺しておく。酔って話が長引けば長引くほど、上司からの引き留めはエスカレートしていくからだ。

逆にその夜は、こちら側が先に内定者とのアポイントを押さえておき、事後報告をもらったうえで、今後の戦略を練っておく周到さがあってもいいだろう。

断固とした姿勢を貫《つらぬ》くことができれば、**「相談」ではなく「意思決定」を伝達した**ことになる。しかし、及び腰の〝お悩み相談〟が続くかぎり、タフネゴシエーターはけっしてあきらめてくれない。

〈ステップ4〉必ず「退職願」は3通書かせる

生まれてはじめての転職となれば、当然ながら内定者は、「退職願」を書くことに慣れていない。

退職を申し出るだけでもストレスがかかることに加え、忙しい業務の合間を縫い、「退職願」を作成するという行為は、極めて億劫《おっくう》に感じることであろう。

しかも、昨今では「退職願」を書かずとも辞められるルールの会社も多いため、口頭だけで申し出ようとしがちである。やはり、面倒なことは省《はぶ》きたいのが人間だ。

ところが、口頭だけで退職を申し出た場合、上司からは「単なる相談」という受け止め方をされてしまい、申し出た「日付」が曖昧になる。すると、後々になって退職が承諾されたとしても、申し出日の明確な証拠がないために、「言った言わないの問題」に発展することもあるから、万全の準備を整えておきたいところである。

会社によっては、退職日から1か月前または3か月前（民法では14日前）までに申し出なければならないという決まりもあるだろう。よって、**申し出日と退職日の「日付」をはっきりと書面に残しておくことが重要**になるのだ。

さらには、「退職願」を書くことによって、内定者自身が**改めて「退職の決意を固める」という効果**も高まる。

そして何より徹底させてほしいのは、退職願を「3通書く」こと。

「辞めます」「辞めます」「辞めます」と書いているうちに、「ああ、私は本当に辞めるんだな」という気持ちが盛り上がってきて、いよいよ覚悟も固まるというものだ。

たとえ昭和のドラマに出てくるような熱血上司に退職願を破り捨てられたとしても、**残りの2通は「予備」として使えるし、さらなる上長へ渡すこともできる。**

ちなみに書面は、便せんに手書きでもいいし、パソコンを使ってもいい。作成する場所については、自宅やカフェなどではなく、**オフィス（新天地）の応接室などを利用させてあげる**といいだろう。決意を固めるには絶好のスペースだ。退職願の内容が正しく書けているか採用担当者からアドバイスしてあげることもできるし、好都合ではないか。

その際の「**チェックポイント**」は次のとおりだ。

- □**「退職願」と書かれているか。**
- □**提出する日付と退職する日付は正しく書かれているか。**
- □**宛名は代表取締役になっているか。**
- □**正式な組織名と氏名が書かれているか。**
- □**退職理由は一身上の都合になっているか。**
- □**署名・捺印がされているか。**

最低限のポイントを押さえておき、あとの余計な文言はいらない。

怖いのは、そうした備えを怠ったがために、よれよれによれて〝退職に失敗〟し、お互いの人生を棒に振ることである。

〈ステップ5〉台本トークを練習する

「円満退社」などあり得ない。

問題児や非生産的な社員なら話は別だが、戦力である優秀な社員が突然抜けるのだから、それはもう必死になって引き留められることは想定内だ。

「迷惑はかかるもの。それが退職だ」という闘う覚悟を決めさせ、腹をくって臨ませることだ。

申し出トークの「台本」は以下のとおりである。

「お忙しいところ時間をいただいて申し訳ありません。じつはですね、突然のことで大変恐縮なのですが……。ご迷惑をかけることは承知のうえで申し上げます。○月末付けをもちまして、退職をさせてください」

といって同時に、「退職願」を目の前に差し出す。

「けっして会社に不満があるわけではないのですが、次に挑戦したい仕事が見つかりまして。すいません。ここまで育てていただいて感謝しております。わがままばかりで申し訳ありません。次の会社に□月1日から出社することになっておりますので、○月末付けにて退職させてください」

とはっきり強い口調で〝固い意思〟をアピールする。

もしそのとき、次の仕事は何かと尋ねられたとしたら、**退職が正式に決定するまで、具体的な会社名や仕事内容については伝えさせないほうがいい。**説得材料として誹謗中傷され、内定者が嫌な思いをするだけだ。話がややこしくなり、それによって手続きが長引く恐れもある。

よって次のように答えさせてほしい。

「入社が正式に決まるまでは、口外することを禁じられていまして。内々定が取り消されてしまうと困ります。それまで待ってもらえませんでしょうか。入社後には名刺をもって必ずご挨拶にまいります。それはお約束します」

この約束の再訪問がきっかけとなり、ゆくゆくはその上司がお客さまになる可能性だってないとはいえない。そうなれば、まさに一石二鳥である。退職する前に転職先を伝えてしまうのは得策ではないだろう。

ただどうしても、筋を通して「堂々と転職先を伝えて辞めたい」と内定者が訴えるのであれば、それ以上は止めなくてもいい。しかし、**退職への障害が大きくなることだけは、覚悟して臨む**ことである。

〈ステップ6〉退職ロープレを実施する

当然ながら、優秀な人材ほど強い引き留めに遭う。そしてまた、優秀な人材ほど情に厚く人間関係を大切にしている。

したがって、次のような言葉で**引き留められると、決心がグラつく。**

「このとおり頭を下げる。頼むから辞めないでくれ。お願いだ！」

「せめてあと1年、いや、あと3か月はいてくれないか。なあ、それくらいいいだろ？」

「君をここまで育てるのに会社はどれだけのコストを費やしたと思っているんだ！」

「いまお前に辞められたら、どれだけみんなが迷惑するのか、わかっているのか！」

「○○君は仲間を裏切れない性格のはずだよな。なっ、そうだろ？」

「次期課長のポストを用意しようじゃないか」

「君の要望はよくわかった。とり入れてくれるよう社長にかけ合うから」

「次のボーナスは大幅アップさせる。来年の給与も上げてあげるつもりだったのに」

「絶対に絶対に、君は会社に必要な人材なんだ！」

これらはよくありがちな常套句《じょうとうく》なのだが、実際、一緒に働いてきた上司からここまで熱心に口説かれてしまうと、それは予想以上であったり、正直嬉しかったり、罪悪感に苦しんだりと、内定者の決意がブレるのも無理はない。

とすれば、こうして引き留められるケースの**「応酬話法」を想定しておくことはもちろん、退職の意思を伝えるロールプレイを実施しておくこと**が必須になる。これは採用担当者（スカウトマン）の仕事だ。内定者とのロープレ指導を怠らず、必ず、相手役を務めてほしい。

「ええっ、ここまでやるのか！」と驚いている人もいるかもしれないが、「ここまでやる！」のだ。その地道な準備こそが〝後悔しないリクルート〟を推進するのである。

〈ステップ7〉
応酬話法をリフレインする

現職の上司からの説得に対し、**「理屈VS理屈」で押し問答させてはいけない。**不平不満はなだめすかされるし、要望に関しては解決方法を提示され、前向きな方向へと導かれてしまう。

議論が過激な言い争いになって決裂したとしても、そのまま退職の承諾になるとは限らない。感情的なもつれは、かえって〝泥沼化〟するものだ。それは離婚調停のようなものである。

退職申し出の「応酬話法」は、**シンプルに「お礼」「謝罪」「決意」を繰り返し繰り返し**

述べるだけに留めたい。ポイントは次の3つだ。

「会社はどれだけお前に投資したと思っているんだ」と、恩着せがましく責められたら、

『お礼』で応酬させてほしい。

『ありがとうございました。○○部長をはじめ会社の皆さんには、心から感謝しています。感謝しても感謝しても感謝しきれません。本当にありがとうございました』

というように、**心から感謝の気持ちを伝える。**

「どれだけ仲間に迷惑をかけるのか、わかっているのか」と、痛いところを突かれたら、

『謝罪』で応酬させてほしい。

『申し訳ございません。退職することでご迷惑をおかけすることは、重々承知しています。そのうえでの申し出なんです。本当に申し訳ございません。本当に本当にすいません』

というように、**平身低頭な姿勢で謝り倒す。**

「絶対にダメだ。退職なんて認めるわけにはいかないぞ！」と、脅迫的に恫喝《どうかつ》されたら、

『決意』で応酬させてほしい。

『それは困ります。どうしても新しくはじめたい仕事があるんです。どうしても一緒に働きたい人たちがいるんです。どうしても人生をかけて挑戦したい会社があるんです。もう決めたんです。気持ちは変わりません。どうしても、どうしても……なんです（涙）』

というように、**断固として決意が変わらないことを伝え、本気であることを示す。**

以上、この「お礼」「謝罪」「決意」の3パターンを、粘《ねば》り強く何度もリフレインするだけでいいのだ。「ありがとう」「すいません」「どうしても」……「ありがとう」「すいません」「どうしても」……「ありがとう」「すいません」「どうしても」……を繰り返し、これ以外の屁理屈《へりくつ》を口にしてはいけない。

こうして瞬く間に、そしてシンプルに、**〝退職の壁〟を突破できるよう指導を徹底してほしい**ものである。

〈ステップ 8〉強硬な遺留工作には、いったん身を引かせる

粘って粘って「退職意思」を押しとおし、ありとあらゆる応酬話法を駆使して、できる限りの交渉を実行したとしても、意地で凝《こ》り固まった上司を、一気に翻意《ほんい》させることは難しい場合がある。

なかなか首を縦に振ってくれず、すぐには納得してくれそうにないテーブルにおいては、ひとまず次のように伝えて身を引かせるといい。

『○○課長のおっしゃることは、よくわかりました。では、もうひと晩だけ、よく考えてみます。明日の朝、もう一度、時間をいただけますか？』

その場は上司の顔を立て、いったん引き下がるのだ。

だがそれは、けっして後退ではない。そう、戦略的な一時撤退である。あくまでも「前へ進む」イメージは失わせないでほしい。

上司にも立場というものがある。いきなり退職の申し出をされて、「はい、そうですか」とは言えない。だからこの段階では、いったん上司のプライドを尊重するのだ。**説得によって部下の退職意向を翻意させたという〝手柄〟を演出する**のである。

この演出パターンを使えば、退職の申し出に驚いた課長（内定者の上司）が、自分では手に負えないと、その上役である部長や役員に泣きついた場合も有効となるだろう。

部長「ほーら、見ろ。オレの説得が効いたじゃないか」

課長「さすが、部長です。お見事でございました」

などというサラリーマン的な茶番が展開されるに違いない。

部長は慰留に成功したことで、面目が保たれるわけだ。

しかしながら、こちらもこのまま引き下がるわけにはいかない。翌朝になったら必ず、次のような返事を伝えさせること。

『昨日は、引き留めていただきまして、ありがとうございました。正直、嬉しくて嬉しくて……。ひと晩中、眠れないくらい、いろいろと考えに考え抜きました。でもやっぱり、気持ちは変わりませんでした。どうしても、やりたい仕事があるんです。○月末付けにて、退職をさせてください。わがままを言って本当に申し訳ありません』

ここまで段取りを踏んで強く申し出れば、相手も根負けし、あきらめざるを得ない。

ただ、もしそれでも埒《らち》があかなければ、さらに「もうひと晩考える」と引き下がり、また翌日のアポイントを取ること。

間違っても、ずるずると無期限に、「よく考えろ」と**長期戦にもち込まれないよう、3日以内の〝短期決戦〟で勝負をつけなければならない。**

〈ステップ9〉
入社前研修で定期的にオフィスへ

内定者から次のような質問を受けることが多い。

「入社するまでの間に、勉強しておくことはありますか?」

その答えはいつも決まっている。

「入社までに勉強しておくことは、とくにありませんよ。あまり焦らないでください。入社後には充実した研修やプログラムが待っていますから、事前に難しい専門書などで学んだりする必要もありません。モチベーションが上がる本を読んだり、セミナーや講演会にでも参加されたらどうですか」という当たり障《さわ》りのない回答に留めておく。

しかし、本音をいえば、セルフ・モチベーションなどかんたんには上がらない。もし、入社前のマインドを高揚させる特効薬があるとすれば、それは**次のステージへの〝希望と情熱〟**である。

そこで提案だ。**定期的にオフィスへ訪問してもらい、「入社前研修」を受けてもらう**のはどうだろう。担当講師はもちろん、リクルートの責任者であるマネージャー（支社長・営業所長など）である。

未来への期待で胸がいっぱいな「入社前」であるとはいえ、数週間からひと月以上も距離を置き、放置しておくのは怖い。〝遠距離〟の空白期間には、何が起こるかわからない。新天地の〝パワースポット〟こそが、内定者にエネルギー（希望と情熱）を与えてくれるのではないだろうか。

一方で、**期待とは裏腹に〝不安〟も消えない**かもしれない。面接前に得た情報と、入社後の現実、もしもこの「勘違いのギャップ」が大きく、内定者を失望させたり、自信を喪失させたりしたら、せっかくの再スタートからずっこけてしまう。

けっして焦る必要はないのだが、やはり、できる限り不透明な疑問を払拭《ふっしょく》したうえで、モチベーション高くロケット・スタートを切らせたいものである。

とすれば、**入社までの間は恋人のように（毎日でも）内定者とのコンタクトを取り続けてほしい。**

面接前には伝え切れなかったさまざまなレクチャーを受けてもらうのも効果的だ。たとえ同じ情報提供が繰り返されたとしてもかまわない。1回や2回学んだだけで、すべてを完璧にマスターできるはずもないのだから……。

社内のレクリエーションへ、ひと足先に参加してもらう交流もいいかもしれない。

内定祝いの食事会で乾杯し、夢の実現を誓い合うのも、より関係が深まる。

ファミリー・セッションをこのタイミングで実施するという流れもありだ。

未来への新たな目標が定まり、張りきっているいまだからこそ、「面接前とは違うモチベーション」が高まるのではないだろうか。

〈ステップX〉過去の交友関係を「棚卸し」する

終わりに、【ステップX】として、つけ加えておくことがある。

人生を変革したいと、本気でそう願う内定者であるなら、働く場所を変えると同時に、交友関係も大転換してもらわなければならない。

内定者はひとりの大人として独立独歩、わが道を歩んできたようでいて、じつはそうではない。周囲の交友関係の影響を強く受け、これまで生きてきた。人の意見に左右されながら、ときに振りまわされ、大切な選択でさえも、自分ひとりで決めてきたわけではない。

だからそう、環境が変わるいまがチャンスである。これまで**惰性《だせい》でつき合ってきた過去の交友関係を一掃《いっそう》させる**のだ。

たとえば、私が長年勤めてきた生保業界の場合。コンサルタントたちは、人生を変革するために、プロフェッショナルの世界に挑戦してくる。そして彼らは、入社時に「100人の親しい人脈リスト」を作成し、コンサルティング活動をスタートさせる。

すると当然、友人・知人との信頼関係がそのまま、結果へと投影される。ビジネスとプライベートの垣根をも越え、**対等の〝新しい協力関係〟が構築できるかどうか、その「人間力」が成功を引き寄せる条件となる。**

一方で、メンタルブロック（拒絶の心理的な壁）に跳ね返され、グダグダと〝終わった友情〟にしがみついているコンサルタントは落ちぶれていく。**過去への執着を手放せないコンサルタントや、未来にスイッチを切り替えられないコンサルタントは、生き残ることができない**、厳しい世界なのだ。

生保業界に限らず、どのような仕事に就くことになったとしても、再出発する機会を得たなら、過去の友人・知人データを思い切って整理整頓し、「人間関係の断捨離」を試みてはどうだろうか。

人生を変えたいと思うなら、すでに関係が死んでいる「シンドラーのリスト」を精査し、**〝消費期限切れ〟の交友関係を棚卸し**しなければならない。その結果、リストに残った友人・知人だけが、本当に必要な〝人脈〟となるわけだ。

そのとき、その相手を「救ってあげたい」「応援してあげたい」「命のビザを発給してあげたい」と思えるかどうか、それも大きな判断基準になる。フォーユーの気持ちがあれば、棚卸しした**「シンドラーのリスト」のなかから、〝本物の友情〟を見つけ出すこと**ができるはず。

そうして心機一転、また一から新たな人脈をつくり直せばいいのだ。

「人を見る目」を磨き上げ、未来への人脈を再構築できる者だけが、幸福で充実した人生を送ることができる。

その真理を内定者とともに探求していくのである。

● 著者プロフィール

早川 勝　Masaru Hayakawa

神奈川県に生まれる。

世界有数のフィナンシャルグループを母体とする外資系生命保険会社に入社以来、圧倒的なトップクラスの成果を上げ続け、数々のタイトルを獲得。その後、営業所長としても社内で最大かつ最高の生産性を誇るコンサルティングセールス集団を創り上げ、No.1マネージャーの称号を得る。

支社長に就任後、どん底支社を再生させ、100名中35名のMDRT（Million Dollar Round Tableの略、世界79の国と地域でトップ数%が資格を有する卓越した生保のプロによる世界的な組織）会員を擁する組織を構築。主要項目「10冠王」を獲得し、「連続日本一」となる。

その後も生保各社からオファーを受け、営業組織の統括部長や営業本部長として、歴史的改革や新規プロジェクトの指揮を執る。現在も「採用コンサルタント」及び「スカウティング・コーチ」として営業マネジメントの最前線で活躍中。

主な著書に、ベストセラーとなった鬼シリーズ『営業の鬼100則』『リーダーの鬼100則』『転職の鬼100則』（いずれも明日香出版社）、『死ぬ気で働くリーダーにだけ人はついてくる』をはじめとする死ぬ気シリーズ4部作（かんき出版）、『強運の神様は朝が好き』『強運だけを引き寄せる習慣』（ともに祥伝社黄金文庫）、『世界TOP6%の超絶売れる習慣』（秀和システム）、『やる気があふれて、止まらない。』『やってはいけない営業術』（ともにきずな出版）など多数。

◯早川勝公式サイト　http://tsuitel.in/

仕事は「人を見る目」が9割

2024年11月10日　初版第1刷発行

著　者　　早川 勝
発行者　　櫻井秀勲
発行所　　きずな出版
東京都新宿区白銀町1-13　〒162-0816
電話 03-3260-0391
振替 00160-2-633551
https://www.kizuna-pub.jp/

印　刷　　モリモト印刷
ブックデザイン　福田和雄（FUKUDA DESIGN）

ISBN978-4-86663-254-4